汉语国际教育论文写作指导

Guide to Academic Writing in TCSOL

张文贤　钱旭菁　黄　立　◎编著

图书在版编目(CIP)数据

汉语国际教育论文写作指导 / 张文贤，钱旭菁，黄立编著 . —北京：北京大学出版社，2021.3
ISBN 978-7-301-32014-3

Ⅰ. ①汉… Ⅱ. ①张… ②钱… ③黄… Ⅲ. ①汉语—对外汉语教学—论文—写作—研究生—教材 Ⅳ. ① H195

中国版本图书馆 CIP 数据核字 (2021) 第 032776 号

书　　　名	汉语国际教育论文写作指导 HANYU GUOJI JIAOYU LUNWEN XIEZUO ZHIDAO
著作责任者	张文贤　钱旭菁　黄　立　编著
责任编辑	崔　蕊
标准书号	ISBN 978-7-301-32014-3
出版发行	北京大学出版社
地　　　址	北京市海淀区成府路 205 号　100871
网　　　址	http://www.pup.cn　新浪微博：@北京大学出版社
电子信箱	zpup@pup.cn
电　　　话	邮购部 010-62752015　发行部 010-62750672 编辑部 010-62754144
印　刷　者	北京虎彩文化传播有限公司
经　销　者	新华书店 720 毫米 ×1020 毫米　16 开本　8.5 印张　145 千字 2021 年 3 月第 1 版　2024 年 8 月第 5 次印刷
定　　　价	32.00 元

未经许可，不得以任何方式复制或抄袭本书之部分或全部内容。
版权所有，侵权必究
举报电话：010-62752024　电子信箱：fd@pup.pku.edu.cn
图书如有印装质量问题，请与出版部联系，电话：010-62756370

编写说明

为提高汉语国际教育专业学生的论文写作水平，北京大学对外汉语教育学院自 2014 年起将"论文写作"作为必修课。任课教师要求学生每周至少写一篇研究日志，将学习、研究中遇到的问题记录下来并提交给教师，教师再根据学生的情况有针对性地进行答复。这种个性化的指导深受学生欢迎。为此，几位任课教师决定把学生提出的有普遍性的问题及其解决办法集结成册，编成《汉语国际教育论文写作指导》，形成一本"接地气"的教材。

◇ 主要内容

《汉语国际教育论文写作指导》以汉语国际教育专业学生写作论文时遇到的困惑、困难为主线，通过学生提出问题、教师解答的方式，将论文写作所需要的知识呈现出来。书中还有学生习作与教师点评，为学生提供具体的帮助。

全书分为三章。第一章为"论文写作的准备工作"，包括选题来源、选题中的常见问题以及围绕文献展开的如何搜索文献、有选择性地阅读文献、文献综述怎么写等问题。第二章为"论文的写作过程"，在介绍完常见的研究方法，即基于语料库的研究方法、对比、偏误分析、分类、访谈与问卷之后，我们按照论文的构成部分一点点剖析，从题目到摘要，从引言到结论，再到论文语言的特点、修改。此外，还涉及学术规范、开题与答辩需要注意的细节等。这一章对论文写作的整个过程进行了指导。第三章为"论文点评",从学生的论文中选取典型的片段以及整篇论文进行点评。

◇ 主要特点

本教材的特点是:

1. 以学生为中心

与其他教材不同的是,本教材以研究日志的形式提出学生在进入研究阶段后所遇到的困难、困惑以及一些思考。本教材所选用的日志尽可能保留其原汁原味,只进行了文字改动(为保护个人隐私,隐去了学生或教师的名字)。经过几年论文写作教学的积累,我们发现,每届学生遇到的问题基本相同,大家似乎在进行研究时都经历过同样的心路历程。比如,汉语国际教育专业的论文选题来源是什么?论文写作有没有固定的模式和规范?论文的摘要与引言一样吗?等等。若在入学伊始就能给学生提供学兄学姐的学习、研究经验,则有助于学生更好地转变角色,更快地进入研究状态。从学生的角度出发,能够发现一些从教师的角度出发所忽略的问题,因而针对性更强。在书中,教师化身为陪伴者,时而隐身,时而显身,帮助学生把做研究所必备的知识与素养梳理清楚。

2. 注重系统性

本书所选择的研究日志源自学生的真实体验,涉及论文选题、论文各个部分的写作等方方面面的内容。全书的明线是研究日志提出的问题及对问题的解答,实以整个研究过程与写作的先后顺序为纲。有的一篇日志涉及了不止一个问题,就把日志进行了拆分,归到不同的框架中。因此整体内容并不零散,而是有系统性的、完整的论文写作过程。

3. 注重多功能性

本书具有多种功能。首先,本书可以作为汉语国际教育专业的教材。本书涉及论文写作的方法，教师可以合理使用本书，以问题导入，循序渐进地训练学生进行学术论文写作。其次，本书还可以作为学生自学写作的参考用书。本书反映了学生在写作过程中常常出现的典型问题，学生学习完本书之后会避免一些常见的错误。另外，本书的"论文点评"部分可以增强学生写作的信心，会使学生觉得"跳跳脚，够得着"，自己的论文经过修改，也能达到一定的高度。

在使用本书时，建议同时使用《汉语国际教育论文写作教程》。《教程》讲解全面，练习丰富。这两册书均可以作为汉语国际教育专业论文写作课的教材，也可供语言学及应用语言学专业的师生参考。

◇ 致　谢

特别感谢北京大学对外汉语教育学院2015级至2020级语言学及应用学、汉语国际教育专业的中外硕士研究生同学们，谢谢他们授权我们使用研究日志！没有他们的辛勤写作与密切配合，就没有这本教材的形成。但因为参与的同学众多，恕我们不能列出他们的名字一一致谢。我们深知，论文不是经过一个学期的训练就能完全写好的，需要持之以恒地练习，除了老师的指导，也需要一届又一届学生的传帮带，相信本教材选用的研究日志中展现的勤奋、严谨、善于思考的精神会对后学者产生深远的影响。

衷心感谢北京大学出版社对本教材的支持，感谢汉语室的崔蕊编辑，正是她的辛勤劳动，才使得本教材能够以更好的面貌呈现！

编者
2020年12月

目　录

第一章　论文写作的准备工作 … 1
第一节　选题 … 1
一、选题来源：如何找到合适的题目？ … 1
二、选题中出现的问题 … 10
第二节　文献 … 14
一、搜索文献 … 14
二、文献选择 … 19
三、文献阅读 … 21
四、文献综述 … 27

第二章　论文的写作过程 … 36
第一节　常见的研究方法 … 36
一、语料库 … 36
二、对比 … 42
三、偏误分析 … 50
四、分类 … 51
五、访谈与问卷 … 54
第二节　论文各个构成部分的写作特点 … 56
一、题目与标题的拟定 … 57
二、摘要与关键词 … 60
三、引言 … 63

四、结果与讨论 ……………………………………… 65
　　五、结语 …………………………………………… 65
　第三节　论文的语言 …………………………………… 67
　　一、论文语言的特点 ……………………………… 67
　　二、直接引用与间接引用 ………………………… 69
　第四节　论文的修改 …………………………………… 72
　第五节　学术规范与好论文 …………………………… 78
　第六节　论文写作的保障——坚持 …………………… 82
　第七节　论文开题与答辩 ……………………………… 84

第三章　论文点评 …………………………………… 87
　第一节　论文片段点评 ………………………………… 87
　　一、引言 …………………………………………… 87
　　二、综述 …………………………………………… 92
　　三、给术语下定义 ………………………………… 98
　　四、给某一现象分类 ……………………………… 100
　　五、将两个现象进行对比 ………………………… 101
　　六、论证某一观点 ………………………………… 103
　　七、用数据或图表论证某一观点 ………………… 106
　　八、结论 …………………………………………… 109
　　九、摘要 …………………………………………… 110
　　十、题目 …………………………………………… 114
　第二节　整篇论文点评 ………………………………… 115
　　一、引言 …………………………………………… 116
　　二、文献综述 ……………………………………… 119
　　三、论证 …………………………………………… 121
　　四、结论 …………………………………………… 124
　　五、摘要 …………………………………………… 125

第一章　论文写作的准备工作

第一节　选　题

一、选题来源：如何找到合适的题目？

> **困惑 1——不知道怎么发现问题**

写论文一直是让我比较头疼的事情。常常从发现问题这一步就开始存在问题了。有时候不知道该写些什么，有时候不知道一个问题是大是小、自己是否能处理，有时候会觉得既然其他学者都已经研究过了，我再研究还有必要和价值吗？我能否在他们的基础上有所突破呢？

> **困惑 2——不知道聚焦于哪一个领域**

从上学期以来，我接触到了文化、测试、二语习得等多方面的知识。在面对这些知识的时候，我陷入了迷茫，不知道自己应该选择哪个领域进行深入研究比较好。

> **困惑 3——研究兴趣不断变化**

谈到研究兴趣，在这短短的半年里，我经历了一番激烈的心理斗争，就像本科时期的论文题目一样，不断随着自己的知识储备以及学习体会发生改变。比如大二想研究江淮官话，到大三觉得语用学更有意思，到大四最终决定把课堂教学作为论文主题。

➤ **困惑 4——随着研究的深入，题目也在变化**

关于论文的题目，在我写本科毕业论文的时候发现，在论文写作之初我想出了一个题目，但是写到最后发现内容完全跟题目沾不上边，所以又要反复修改题目。还有一个问题，就是有的时候我的题目会限制我的思路和思维方式。但是如果刚开始没有一个题目，我的思路又会太发散。所以，我们到底应该在论文写作之前就有一个大概的题目，还是在写作的过程中逐渐形成自己的题目？

从上述学生的研究日志中，我们可以看到，汉语国际教育专业的学生在写论文时首先遇到的一个问题是选题。只有确定了研究方向、研究题目，才可以开展自己的研究。那么该如何确定自己论文的选题呢？首先来谈谈论文选题的来源：

➤ **对策 1——研究者自己的研究兴趣**

(1) 我对汉语语法教学感兴趣。由于我的母语是泰语，现在学习汉语作为第二语言，将来也要回国当汉语教师，教泰国学生汉语，所以我特别关注泰国学生使用汉语的情况。……因此，通过汉泰语法的对比研究，我希望自己能找出规律，希望我将来的研究成果能够帮助学习汉语的泰国学生。

(2) 我对中国的古典诗歌非常感兴趣，希望我的论文能够涉及与对泰中国诗歌教学有关的研究。

(3) 我本科时在新闻学院学习，对文化传播感兴趣，之所以选择在对外汉语教育学院学习，也是因为我想了解以汉语作为媒介来传播中国文化的方法，硕士阶段的研究方向当然是中国文化传播。

➤ **对策 2——从自身经历中找选题**

(1) 今年 5 月份，我即将赴泰国朱拉隆功大学担任汉语志愿者教师。我认为,我会在这个过程中收获丰富的对泰汉语教学经验,所以我最终把选题确定为对泰汉语教学。这是一个很大的选题,我想以语音教学为重点,剖析泰国学生在学习汉语语音时的偏误表现、原因,并且提出具体的、有针对性的教学对策。

（2）我本科的专业是法语。……由于专业背景的原因,我其实对法国和法语还是有一种特殊情愫的,我也不想荒废它。我想既然已经进入了对外汉语教学这个圈子,我就应该在这方面努力去学习一些东西,所以我就对海外尤其是法国汉语教学这个方向产生了兴趣。

（3）我本人对语法对比非常感兴趣,特别是汉泰对比。我是泰国人,学习汉语时经常发现汉语的语法有很多地方跟泰语很相似。

（4）偏误分析(error analysis)的目的是对学习者在第二语言学习过程中所产生的偏误进行系统的分析,研究其来源,揭示学习者的中介语体系,从而了解第二语言学习的过程和规律。我觉得这是我们留学生的优势,基于对母语的了解,我们会注意到一些中国老师和学生注意不到的汉语问题。

（5）我对汉语词汇方面感兴趣,到现在学过很长时间汉语,可我的汉语水平停滞不前,原因到底是什么？以前我学习汉语的时候,只关注汉语的发音和语法,忽略了词汇方面的学习。虽然为了阅读学习词汇,但只追求识词,了解词语的大致意义就过去,没有深入地学习各个词语的具体用法。这样做就导致了我的汉语水平停滞不前。很多韩国学生也有类似的问题,大部分韩国学生为了通过考试,只追求"量",不考虑"质"。我觉得,如果不解决词汇方面的问题,汉语学习好像没有指望。所以我决定研究词汇,尤其是近义词方面的问题。

（6）我一直对从小就移民到中国来的学生如何学习汉语这个课题很感兴趣。因为,我就属于这种学生。我在中国上了小学六年级、初中、高中和大学,已经在中国生活了11年的时间。我学习汉语的方式是,在中国公立学校和中国学生一起学习,而不是上汉语课程。而我一直怀疑这种学习方法有问题。我认为这种学生也需要另上专门的汉语课程(尤其是口语课)。

(7)通过上第一堂课,我发现我对课堂的进展很感兴趣,即对新手教师的课堂管理感兴趣,比如纠错的时机和方法,比如教师点名回答问题的情况,再比如教师对于课堂各环节的衔接是怎么处理的,等等。

➢ **对策3——做生活中的有心人**

(1)我发现在描述一个有因果逻辑关系的事件时,常用"所以"。但有的时候我觉得阐述发生的事件,用"就"说明结果更自然。于是我开始关注"就"这个词的研究,发现中国知网上已经有很多研究,但关于日本学生使用"就"的情况的研究不多。

(2)我最近发现了一个线索,是我在看微信朋友圈时发现的,就是我有一个学妹,是泰国人,现在在北语读研,她使用复合趋向补语的时候,经常用错,比如:"想回泰国去了"写成"＊想回去泰国了","妈妈,我不想让你回北京去"写成"＊妈妈,我不想让你回去北京"。

(3)还记得在课上老师曾经说过,最好的研究课题是从生活中来的,在观察了我周围的欧美同学之后,我发现了一个现象:即使老师已经教了请求语,大部分的欧美学生仍然不能灵活运用。由于英语在表示请求时会用一些固定的词语来表达,例如"could, might, may"等,而且欧美人习惯在请求后面加上一个"please",因此很多欧美学生认为,汉语在表示请求时,只要在要表达的意思前面加上一个"请"字就可以了。然而很多时候即使加上了"请",母语者听起来也没有加强礼貌的语气,反而有命令的感觉,例如"请帮助我"或者"请你坐到那边去"。这个问题屡次在我的同学们身上发生,由此可见学习者并不是在学习了请求语之后就能很好地掌握和运用。因此,我想要跟导师商量可不可以做关于请求语方面的研究。

(4)我觉得研究韩国人"在"的偏误挺有用,因为他们在日常生活当中常常使用"在"字句,可是经常犯错,比如"＊我现在图书馆"这个句子,以我学习汉语的经验来看,以为句子里已经有"现在"的"在",所以经常漏用一个"在"。如果从介词中选一个进行研究的话,我想选介词里的"在"。

> **对策 4——在给学生做语伴或辅导时发现问题**

(1)这个学期我参加了 CIEE 的项目,课余时间里每周需要给学生进行两次一对一辅导。真正和留学生接触的时候就会发现,我们上课时老师讲的那些问题是多么地栩栩如生!比如"我见面你""一点好"这样的错误用例非常多。另外,学生在语音方面存在问题,特别是声调有很大的问题。我的一个学生跟我说,她真的很不喜欢声调,她的朋友告诉她,她的中文名字都很难准确地读出来,对此,她很无奈。在我的辅导过程中,在不太打断交际的情况下,我会尽量纠正她的读音,主要采用的办法是用正确的读法重复她的话。

由此,我想到了对学生错误的容忍度问题。在注重意义而不是语言形式的交流过程中,我对于是否要一一纠正学生的发音特别是声调有一些犹豫。语法方面同样如此,学生说出了我完全可以理解的句子时,我就不愿意打断交际去纠正他的语法错误。

(2)前两天我和我的西班牙语伴见了面,和她交流的过程中,她说:"在北大我每天可以认识新朋友们。"我告诉她这个句子不需要加"们",应该说"在北大我每天可以认识新朋友"。她告诉我她一直弄不明白什么时候用"们",我一时间也不知道怎么向她解释。我希望能够通过对留学生习作的语料分析,找出他们经常会犯的语篇偏误,分析、总结原因,并探求从汉语本体上促进篇章教学、减少语篇偏误的可能性。

(3)最近我发现,不管是中级水平还是高级水平的留学生,都存在词义辨析的问题。他们有一个习惯是经常将不认识的中文单词输到词典里,翻译成英文,得到词语的释义,但是当不同的汉语词语的英文释义相同时,他们常常感到困惑。比如我的语伴今天问我好多词,在我看来明明区别是很大的,像"生硬"和"僵硬"、"单一"和"统一",但词典里都解释为"stiff"和"unity"。所以这些词在教学中应该引起格外的重视,特别是对于那些已经有一定汉语基础的学习者来说。那么如何更好地进行这类词的教学呢?我需要找一些更好的讲解方法。

(4)"对"和"给"有什么区别?为什么英语"smile to me"和"give it to me"翻译成中文是"对我笑"和"把它给我"呢?尽管我被学生问倒了觉得很丢脸,但是通过这件事情我知道了"学问无小节"的道理,同时我也意识到自己要加强汉语基础知识的储备,只有不断学习,才能做到有备无患。

> **对策 5——从所学课程中发现问题**

(1)汉语要素课的模拟教学引起了我对教学方法的兴趣:我们应该怎么把语言知识教给学生,培养他们的交际能力。通过看新手教师的教学和专家教师的教学视频,我进行了比较,想从互动教学模式的方面来研究。

(2)这周的"教师发展概论"课程轮到我报告,这周一直忙着准备这个报告。我的题目是"新手教师与专家教师的比较研究"。在找资料的过程中,我发现可以比较的方面比我想象的多得多。比如教师教学行为的差异,包括预测课堂情况、教学监控管理、教学反思等。也可以从教师认知能力的差异,从知识结构、洞察力、创造力等方面进行比较。新手教师和专家教师的等待时间也有差异。

(3)我在上个学期的"语言学概论"课上做了一份报告,题目是"汉泰趋向补语的异同"。我对这个题目非常感兴趣,在报告中对汉语和泰语的趋向补语进行了对比,发现有很多相同的地方,但也有差异,所以我想进一步研究。但我要先跟我的导师商量,看能不能把此题目作为我的论文题目。

(4)我通过听课,学到了许多教学技巧。老师在板书的时候,时刻注意空格,如,"跟着 吃""容易 出 事故"等。由于汉语中词与词之间没有空格,所以很多学生不知道在哪儿断句。板书时如果用空格的方法,会有助于学生理解并掌握。当然,老师举的例子都非常好。老师用生词造句或举例子的时候,里面用到的词汇都是之前学过的。例如,老师问学生"什么东西很酸"的时候,大部分同学想到的答案是"柠檬""醋",而老师举的例子是"没熟的苹果"。"熟"是学过的词,而学生们似乎忘了这个词的意思。教外语的时候,应该时刻注意复现,作为汉语老师,应该时刻知道学生们掌握了哪些词。

> **对策 6——从阅读的文献中发现问题**

(1)不止一次听别人说,不知道自己喜欢什么,不知道选什么方向。我想,找到自己的兴趣点固然重要,但真的不是每个人都对语言的某一方面有特别的兴趣。有的时候,找一个自己不排斥的、有可能做的点,或许是兴趣之外的另一条路。带着问题读一些相关的文献,找问题,找缺陷,尝试着寻题,尝试着去做,而不是空想兴趣,我觉得可能更为重要,也更有意义。

(2)我始终不知道自己的研究兴趣在哪儿,本体研究方面我的基础不好,教学研究我又没有经验。我从来没有想过原来发掘自己的兴趣竟然是一件这么难的事情。不过这困难也提醒了我,不能再过这样浑浑噩噩,每天上上课、写写作业就没有其他与学术相关的活动的日子了。

所以今天下课回到宿舍以后,我仔细看着书架上的专业课书籍,又拿出上学期的听课笔记,寻找自己感兴趣的研究方向。最后确认,在所有这些方向中,我对文化本体、跨文化交际以及汉字最感兴趣,也想做一番深入研究。就这样决定了我研究的初步方向,接下来就要尽可能详细地了解这些内容,在了解的基础上再做出选择。

(3)我把汉语二语学界、教育学界、心理学界、英语学界的主要核心期刊上自 2013 年至今所有文章的标题与摘要地毯式地浏览了一遍,选择了一个我比较感兴趣的问题:语言学习信念问题。

(4)今天我看了一下午的论文,《影响泰国小学生学习兴趣的教学因素研究》这一篇论文启发了我的灵感,让我突然想到学生学习汉语的兴趣大部分是来自教课的汉语老师,我想到的一个毕业论文的题目就是:本土教师与中国教师对泰国初高中学生汉语学习兴趣以及学习效果的影响。在 CNKI 上也找不到这个题目,我心里有点小小的激动。

(5)这一次阅读的是《世界汉语教学》2010 年第 1 期上刘丹青的《汉语是一种动词型语言——试说动词型语言和名词型语言的类型差异》。该论文比较了汉语和英语在话语、句子、从句、短语、词法和儿童语言习得多个层面的差异,用实例解释说明了在类型上汉语是一种动词型语言,英语是一种名词型语言。……看了这篇论文后,我受到的最大的启发就是汉英语法的对比也是一个不错的选题。

(6)我在看新手教师与专家教师等待时间方面的研究,发现不同的课程会有不一样的等待时间,会不会还有其他影响等待时间的因素呢?学生本身是不是可以进一步细分呢?还有学生的动机、班级的人数会不会有大的影响呢?看完相关文献,我有了很多新的思考。

> ➤ 对策7——在与导师或者同学的讨论中发现问题

(1)我昨天与导师探讨了如何选择毕业论文题目的问题。其实,我一直都处于迷茫的状态,不知道如何进行选择。而昨天与导师进行沟通的过程中,我有了一些想法。昨天,我对导师说,我对选择什么方向完全没有想法。导师就让我回忆之前我们在读书会上讨论过的内容。我发现,其实我们已经讨论了不少问题。比如适合韩国学生的国别化教学法的问题、与课堂提问有关的问题、与纠正性反馈有关的问题和中国本土中学的国际部问题等。昨天与导师进行讨论的过程中,我也想到了一些我比较占优势的课题。例如,从小移民到中国来的韩国孩子学习汉语的动机问题和本科留学生的课程设置问题等。我发现,身边的一切都可以成为自己研究的对象。我应该想得简单一点,并且应该尽早找到适合自己研究的题目,这样才能早点开始进行研究。离开题报告只剩下半年的时间,我应该抓紧时间,不断问自己想研究什么课题。

(2)这周跟导师开了这个学期的第一次读书会。读书会是我最喜欢的课程之一，因为在读书会上大家会分享自己目前研究的课题或者阅读过的文章，我们也会探讨这些内容。这给我带来了很多新的信息。一个人能了解的东西很有限，很有可能了解得比较窄，而大家看的东西都不一样，分享对大家来说都是一种收获。在读书会同时可以了解到学长们都是怎么寻找论文题目的，这对我们下个学期就要开题的同学来说，也是非常有用的。这样我们心里就大概有数了，他们给我们提供了很好的研究方法和大概的时间安排。

写论文时，首先面临的一个问题是选题。研究兴趣不是唯一能让你决定写什么题目的因素，因为兴趣可能在不断变化，或者你感兴趣的点太多，做什么都可以。另外，研究兴趣也是可以培养出来的。在决定选什么题目时有各种纠结都是正常的。可能在开始的时候题目并不是很清晰，研究对象与研究范围也不是很明确，随着文献阅读的深入与研究的进展，题目才会最终确定下来。如果选择的大方向定了，就可以开始着手进行研究了。至于论文题目具体叫什么，可以慢慢确定。在研究的过程中修改题目也是正常的。

上述研究日志的作者通过日常生活中的观察，发现了可以作为论文选题的语法现象、语用现象以及教材不足。论文选题的另外一个重要来源是阅读相关文献。例如，可以从浏览期刊目录开始，寻找自己感兴趣的研究问题。浏览目录的好处是能在较短时间内涉猎不同领域的大量论文。除了浏览目录以外，阅读各种论文也能帮助我们找到感兴趣的选题。

> 大多数的选题来自已有的研究。在阅读文献的过程中,我们可能会发现关于某一问题有不同的研究观点,为什么会出现不同的观点?哪种观点是正确的?这些都可以作为我们进一步研究的选题。此外,现有研究的不足也可以是进一步研究的起点,如选择更适切的理论、改进研究设计(如改变研究对象、改进研究工具)等。目前,硕士论文的选题主要可以分为以下几个方面:(1)汉语本体(对汉语本身的研究,如语音、词汇、语法、汉字、语篇);(2)中外语言对比;(3)教师与教学法;(4)二语习得与学习策略;(5)教材;(6)文化与交际;(7)测试;(8)教学史。

二、选题中出现的问题

> ➤ **困惑1——题目多大合适?**

我是博士生论坛的志愿者,在整理与会人员提交的论文时,我注意到这样一个问题,即论文题目。几十篇论文的题目看下来,发现很多人的论文题目起得特别大,譬如《××与二语习得》《××与二语习得和二语学习》。看到题目的时候,我真的在想,短短几千字的论文,如何将这涵盖诸多方面的问题讲清楚?即使能够条理清晰地说出来,真正落到实际的时候,怎么操作?可行性有多大?

> ➤ **困惑2——是否要放弃某选题?**

(1)我们的研究方向主要有本体、教学和二语习得研究,其中我觉得最难的就是二语习得研究了。本科阶段以及刚来北大读研的时候,我对这个问题很感兴趣,非常想知道究竟是什么原因导致了儿童和成人习得语言的差异,真的有所谓的语言学习机制吗?未必。就算有,为什么成人会丧失这一技能从而导致了"关键期假说"的出现?……

这半年多自己努力去读了一些文章,却发现揭开这个谜底的希望

第一章 论文写作的准备工作

真的很渺茫,特别是从人文科学的角度,不可控的变量实在太多了。很多观点都是一家之言,但是又不能去全部推翻某个结论,因为即使相同的实验有不同的结论,也不能马上对之进行取舍,因为实验的主体是学习者,是人,而人是变幻莫测的。我个人觉得这方面的研究要取得突破,应该还是要与脑科学、心理学结合起来,并且进行大量样本的研究,方差越小越好。我对二语习得研究仅仅是有一些想法,如此浩大的工程量我还是不要尝试了。

(2)本来我已经确定了自己的选题是对泰汉语语音教学,但是经过这几次课,我听到老师说过好几次,偏误研究一般不能作为中国学生的毕业论文选题,因为偏误无非是关于偏误的表现、原因和类型,很难写出深度,所以一般都是作为留学生的毕业论文选题。我认真地思考了一下老师的建议,感觉我目前定的方向也基本上是关于泰国学生在学习汉语时的语音偏误,仍旧没有跳出偏误这个圈子,所以我打算转换方向,正式放弃对泰汉语语音教学的选题。

(3)这两天大多都在看关于教材方面的论文,觉得前人的研究好多好多,想找一个跟教材相关的新的题目实在是有些费劲。

(4)我发现有学姐一月份的博士论文做的就是这个题目。在看了她的论文初稿之后,我觉得她已经做得很全面了,不太有突破的可能性了,所以最后决定放弃这个题目。感觉有点可惜,晚了一步。

(5)我想研究比较句,可是,等我将"比较句"三个字输入知网的检索栏时,结果让我大失所望:已经有200多篇文献研究过汉语比较句了!

(6)大概是本科就养成的习惯,我会特别关注一些日常语言表达。有时发现了一些有趣的现象,想着这大概是哪几方面的原因,自以为分析得很好,很有新意,等上知网一看,就会发现自己想的早就是别人已经说过的。还是举上面的例子,在研究"难+v"结构的过程中,我发现还有一类"难+v"十分特殊,例如"难说、难怪"这一类。这一类与"难吃、难写"在意义、结构上都是有差别的,我想着这个问题大概可以从语法化的角度进行解释,可以从历时的角度考察"难说、难怪"两词的语义发展。可查阅资料后发现,这两个词的相关研究已经十分成熟完善了,我再写的话也只是重复别人的观点,毫无新意可言。

(7)关于毕业论文选题方面,我其实还在犹豫要不要选择对外汉语课堂纠正性反馈来研究,因为觉得自己目前为止还没有找到这一领域中还未开发的很值得研究的问题。

> **对策——适当改变选题范围**

(1)我到底要研究语法还是词汇?我还得看更多的书和文章才能决定(3月17日)。……这个星期我决定了,我要研究的是词汇而不是语法,我越看关于语法的文献越觉得糊涂,对一个外国人而言研究语法其实不容易(3月29日)。

(2)我的兴趣是在对外汉语教学方面,主要是关于语音、词汇、语法和汉字教学,同时,我又想利用自己即将拥有的对泰汉语教学的经验,所以我确定基本的大方向为对泰汉语语法教学的某个方面。经过反复权衡,我最终确定选题为对泰汉语教学中的"把"字句研究。关于"把"字句的研究目前已经十分充分了,关于对泰汉语教学的文章也有很多,但是经过我的检索,对泰汉语教学中的"把"字句研究非常少,所以我决定在这个方面深挖。

(3)导师提出关于汉泰趋向补语的语法对比是可以作为我的论文题目的,但是要选几个趋向补语来研究,泰国学习者经常用错的几个是最好的。

(4)我本学期研究日志的……研究对象从一开始的"反思""反思性实践"到"反思型教师",又到"反思型教师发展模式",是逐步深入的。

(5)我毫无压力地顺利开题,老师们也觉得是个有价值的题目,值得研究。但在接下来论文撰写的过程中,文献看了很多,资料也整理了一大堆,我发现题目太大太广,自己根本没有能力驾驭这个题目……我修改后的论文题目将原题目范围缩小,只是截取了一个方面来写。

**教师指导:**

> 在选题的过程中,学生们经常遇到的一个选择就是是否要放弃某个选题。学生放弃某个选题的原因多种多样,可能是兴趣原因,也可能是难度太大,或者是某个选题不适合作为学位论文。从上述研究日志不难看出,有些学生认为已经有很多人研究过的题目就无法再做了,最好能找到从来没人研究过的选题。实际上,就我们大多数人来说,现有的研究肯定是基于一定数量的已有研究的基础之上,很少有人做一个从来没人研究过的开天辟地的题目。从来没有人研究过的题目,有两种可能:一是太难,一是没有研究价值。已有研究成果较少的选题做起来也有一定的困难,因为没有可供参考的资料,而研究成果丰富的选题能提供给我们借鉴的东西比较多,研究方法也比较成熟。因此选题应尽量避免寻找从来没人做过的题目。对很多汉语国际教育专业的学生来说,一开始对自己要研究的课题只有一个大概的方向,即使选定题目后,在研究的过程中,随着研究的深入,也可能会发现原来定的题目还是比较大,因此在研究的任何阶段都可能会不断地缩小选题范围。
>
> 万科为什么叫"万科"? 最开始万科什么都做,十几个部门,从万佳百货到怡宝纯净水,每一个都小有建树。后来王石顶住很大的压力卖掉了所有的其他公司,专心做房地产;房地产里面不做别的,只做大型住宅社区;大型住宅社区不做别的,只做在非市中心的大型住宅社区。正是由于这种专注,万科成了大型住宅社区的金

> 字招牌。写论文也是如此,受研究时间、研究能力的限制,不管是单篇论文还是学位论文,最好能集中在一个相对较小的选题上,这样才能做得更深入。
>
> 当然,如果发现要研究的一个特别具体的词汇或者语言点前人的研究比较深入时,可以适当扩大研究范围,比如可以考虑将之与相关的现象进行对比研究。

第二节 文 献

一、搜索文献

> **困惑 1——搜索范围不合理**

(1)我发现我搜集文献的水平很差,总是要花很多时间在网络上找自己想要的文献,可是还是找不到或者找不到核心期刊的好文章,经常找到一些内容不是很理想的文章,这浪费了我太多时间。

(2)老师们总会让我们阅读重点文献,但是有的时候在知网输入关键词以后,会检索出很多篇文献,那么如何才能保证搜到自己需要并且质量过关的文献呢?……并且,在输入关键词检索以后,也总会担心自己搜集的文献不够全面。

(3)以往,我查找文献的渠道就是几大数据库,如知网、万方、维普等。另外,我会根据老师的推荐和文献中提及的著作名,再到图书馆去查找一些论文集、专著等。但主要渠道还是第一种。我每次在写论文时,总会觉得文献不够丰富,不管是文献来源还是文献类型。

(4)最近做了文献综述的作业,老师要求我们写某一专题近二十年的文献综述。穷尽文献已经是尽力而为,但是让人遗憾的是老师说我们遗漏了大家的观点。我们在图书馆的书架上一排一排地搜寻,知网的论文也按照关键词逐一检索,那为什么还会错过大家的观点呢?大量地占有材料已经做到了,怎么还会遗漏重要的文献呢?是我们的检索方式不对吗?还是说应该在开始搜集前就先检索重要的大家的观点呢?

➢ **对策——从经典文献读起**

(1)我因为对语法教学方面感兴趣,所以导师让我精读朱德熙的《语法讲义》这本书。

(2)最近在读 Dirk Geeraerts 主编的《认知语言学:基础读本》一书,因为导师希望我以后做"构式"方面的研究,而"构式"的概念就源自认知语言学,所以我想通过阅读这本书来系统地了解认知语言学的理论框架。

(3)对于我们来说,在网上找到大量的相关文献并不困难,但是老师说这样搜集到的资料并不全面,需要我们去图书馆翻阅所有和文字学相关的论著,找到所有与异体字有关的内容。

(4)对于优秀论文,多读多揣摩,虽慢些,但日后可以越走越快,也能走得更远。对于质量没有那么高的文章,可以大致浏览其主要框架,节约出时间自己展开思考。

**教师指导:**

> 文献查找是学生们普遍觉得困难的一项任务。从学生的研究日志来看,他们查找文献的手段比较单一,主要就是通过网络。网络只是文献的来源之一,查找文献只依赖网络的话,就可能遗漏重要的文献。文献来源多种多样,主要有以下几类:
>
> (1)相关著作。从事某一领域的研究应该从阅读该领域的经典著作开始,如关于这一领域的教材、理论基础、有影响力的专著等。

(2)相关论文。包括期刊论文和学位论文。

(3)其他相关材料,如各种统计资料、统计年鉴、资料手册、档案材料等。

找相关著作可以通过大学图书馆目录检索系统。输入关键词,选择文献类别,就可以找到部分相关的著作。外文图书可以通过 https://www.worldcat.org 查询。这个网站与世界许多图书馆连接,通过关键词能找到丰富的外文图书。

相关论文主要是在网络数据库中通过关键词查找,如知网、万方网、维普网等。需要注意的是,有些学校的学位论文可能并未收录在相关的数据库中。未收录的学位论文如果与自己的研究直接相关,就需要与收录该学位论文的大学图书馆取得联系。

> **困惑2——搜索方式不当**

(1)在搜索文献的时候,输入关键词后经常搜索不到自己心里想找的精确的文献。我常常觉得自己在利用关键词进行检索时,关键词的选择比较单一或不准确,导致搜索出来的文献不完全,或和自己的研究主题相关性不大。

(2)我觉得我们实在要好好练练检索资料的技术。虽说搞了那么多东西来,却混着一些冗余信息甚至错误信息,而一些更有用、更关键的信息却因为我们简单粗暴的检索方式放过去了,比如一些虽然没有以"异体字"为题,实际却是在异体字的上位词主题(如"文字现象")或近义词主题(如"俗文")里深入分析了异体字的文献。因此必要的检索语言还是需要学习的,也应该学会运用其他软件工具。此外,范围也不能仅局限在知网上。①

(3)在知网上搜集文章的时候,你输进去一个关键词,跳出来的文

---

① 该学生是要查找有关"异体字"的文献。——编者注

第一章 论文写作的准备工作

章数以万计,来源非常杂乱。有的来自很有知名度的期刊,但也有的来自一些光看名字就觉得是不入流的杂志,还有各个学校错综复杂的硕士、博士论文,文章块头都很大,质量却高低不一。所以在茫茫的论文海洋中,我经常会看花了眼,看晕了头。

➢ **对策1——滚雪球式反复检索**

通过对本次研究相关主题文献的查找,我发现了一个文献查找的窍门,那就是在找到一篇相关文献后,关注这篇文章后面所列的参考文献。这个渠道找到的文献往往比自己直接搜索得出的文献与研究主题更为相关,这个方法以后要经常使用。

➢ **对策2——扩展检索**

在这次对美国的汉语教材进行研究后,我想到了法国的汉语教材问题,我觉得应该来了解一下这方面的相关情况。于是我就开始搜集法国汉语教材方面的材料,实际上之前也有过粗略的浏览,但带着问题的真正的阅读和思考却是做得相当不够的。

 **教师指导:**

> 无论是查找图书还是查找论文,关键词检索都是重要的查找手段。关键词设置不准确可能导致找到的是与自己研究关系不密切的文献。文献的关键词设置不合常规或者是论文的题目有较强的文学色彩或个人风格,都会造成用关键词检索不到相关文献。例如有的学生提到光看论文标题无法判断跟自己的研究内容是否相关,有的学生则提到有些标题使用的是相关研究题目的上位词,那么用关键词检索肯定也检索不到。

当发现通过关键词检索出来的不是自己需要的文献时,可以多次调整关键词,直至找到与自己研究相关的文献。此外,也可以根据搜索结果的条数看出关键词设置是否准确。一般来说,设置准确的关键词,检索结果不会太少。

除了通过关键词检索图书馆的馆藏目录和论文数据库以外,文献还可以来自其他专著、论文的参考文献。从一篇文献的参考文献出发,在找到的文献中,继续看它的参考文献。这种滚雪球似的反复检索找到的文献与自己的研究直接相关,能避免因关键词设置不当而遗漏文献的不足。

在研究的过程中,我们还需要定期阅读相关领域的核心期刊。重要期刊每一期的每一篇都要读,不能只读跟自己选题直接相关的文献,涉猎要稍广一些。与自己研究领域不直接相关的论文也可能对自己的研究有帮助。例如"对策2"中学生的研究兴趣是法国的汉语教材。他在阅读有关海外汉语教材的文献时,先是搜集了和美国汉语教材有关的文献。在阅读这些文献的时候,他发现了一些问题,然后带着这些问题又去查找、阅读有关法国汉语教材的文献。

还有的同学担心搜索的文献不全面,会漏掉重要文献。针对这一问题的解决办法是,收集在自己的研究方向中有突出成果的学者的所有研究成果,并随时关注他们是否有新的成果发表。我们看到的已经发表的论文是研究者对自己研究的部分呈现,研究者不太可能在一篇论文中展示研究的所有细节。如果能收集到研究者对某个问题的系列研究,那么对他的研究就能有一个比较完整的了解。

二、文献选择

在收集了大量文献以后,我们需要从中选择能为我们所用的文献。在选择文献方面,学生也问题多多。

➢ **困惑1——文献太多,无从下手**

(1)昨天上了论文写作课,老师问我们写论文的时候遇到的最大的困难是什么,我的回答是文献太多,不知道怎么从文献中提取和自己论文内容有关的信息,往往是看了很多文献,无从下手。

(2)很多时候我不明白"重要文献"到底所指为何。核心期刊上的文献就是"重要文献"?著名学者写的文献就是"重要文献"?大家写作时都会引用的文献就是"重要文献"?在写作一篇学术论文的时候,是不是除了这些"重要文献",其他的文献真的只需要匆匆浏览甚至不需要浏览了?

➢ **困惑2——找到的文献分量不足**

(1)找的大部分文献都是硕士学位论文。引用太多的硕士论文是不是其实并没有价值?

(2)我经常发现,我在论文写作中用到的文献很多比较偏,作者、作者单位、登载期刊不太知名,而那些相关领域中的权威之作、必读之作我却经常没有看到,一些学界的权威、主流观点没参考到。

➢ **困惑3——找到的文献数量不足**

(1)以母语为意大利语的汉语二语学习者为对象的研究很少,那这样的研究综述写出来是不是就没有研究比较充分的写出来有意义呢?

(2)最后一点,老师说我的参考文献太少。其实,从最基础的知识点到研究对象,我查阅了足足四十篇文献,在最后的参考文献中,我只写了几个特别相关的文献。

教师指导：

从上述研究日志我们可以看到，学生们的问题主要是两个方面：一个是文献与自己研究的相关性，另一个是文献的权威性。反过来，我们也可以说相关性和权威性是文献选择的两条主要标准。

在研究最开始的时候，文献搜索的范围要大一些，以免搜索范围过窄造成重要文献遗漏。但是当选题确定以后，最后综述的文献则需要跟选题直接相关。文献综述不需要囊括自己搜集的所有文献，而要根据自己的研究问题有所取舍。

与相关性相比，文献的权威性则比较难判断。判断一篇文献是否权威，可以从以下几个方面入手：

(1) 内容的可靠性，包括研究方法是否得当，实验数据是否准确，研究结果是否可信，分析论证是否有逻辑，方法、材料、观点方面是否有创新，文献的被引情况如何。

(2) 文献的实效性。由于科学研究具有累积的性质，后出现的研究总是在之前研究的基础上进行的。因此除了经典之作以外，时间越近的研究越有价值。

(3) 作者的权威性，包括文献的作者是否为该领域的专家，在该研究方向作者是否有系列研究，该作者的论文被引情况如何等。

(4) 文献出版机构，包括著作的出版单位是否为有资质的出版社，论文发表的期刊是否为核心期刊或某领域的专业期刊等。

与文献选择相关的一个问题是文献的数量问题。显然，上述研究日志中，学生和老师关于文献数量的认识有差异。到底要收集多少篇文献，我们无法说出一个具体的数字，多的可能达到几千篇文献,例如关于脑创伤的处理问题,研究者们考察了 4000 多篇科学论文。(斯塔诺维奇,2005)①但是收集文献的工作量占整个研究的工作量的多少是有个大概比例的。美国凯斯工学院研究基金会调查统计,一个科学研究人员在一个科学研究项目中用于研究图书情报资料的时间,占全部科学研究时间的 1/3 至 1/2。(裴娣娜,1995)②

三、文献阅读

> **困惑 1——读不懂文献**

(1)我读了一些相关的文献,感觉脑子里一片混乱。

(2)看 Susan Gass 和 Larry Selinker 的《第二语言习得》,没看完,内容很多,好多地方看不懂,连目录的逻辑都理不顺。

(3)当然,也读了王宁著的《汉字构形学讲座》,但实不相瞒,大多内容都看不太明白。这是因为我的汉语水平还没达到能做研究的程度。

(4)Beatrice Avalos 2011 年的这篇 Teacher Professional Development in Teaching and Teacher Education over Ten Years,虽然是全英文,我读得似懂非懂,但是不得不说的是确实写得脉络清晰,很有启发性。可惜的是因为英语水平有限,有些术语没能理解,需要进一步提高学术英语的水平。

(5)虽然是法语专业毕业的,但是阅读大部头的原著还是具有挑战性的,尤其是当文章语言的风格和表达都比较偏重于学术性时。我尝试着每读一部分就写下这一部分的翻译,虽然这样的"读书笔记"相

---

① 斯塔诺维奇,2005,《与"众"不同的心理学》,中国轻工业出版社。
② 裴娣娜,1995,《教育研究方法导论》,安徽教育出版社。

当费时费力,但对更深刻地理解这本书,加深自己的印象还是比较有好处的。

> ➢ **困惑 2——不懂阅读方法**

(1)很多时候我都在纠结是匆匆地浏览一下文献还是一句一句地读完文献。匆匆浏览会忽略掉很多细节,但是一句一句精读又太浪费时间。该如何读好一篇文献呢?

(2)第二章主要讲的是对中国人所做的声调感知训练。总体感觉就是在看天书。那些数值、公式和图表让我觉得自己瞬间回到了数学课,再加上一些陌生的词汇,例如"刺激、拐点、范畴感知、辨认率"等,实在让我摸不着头脑。……导师说我选读的章节不对。上次困扰我的那些数值其实我都没有必要读,因为我的方向应该不会那么深入。

> ➢ **对策 1——反复阅读**

比如说在"教师发展概论"的课程中,我们要阅读的资料是有着很强的专业性的,拿一篇五页的文章来说,我来来回回阅读了不知道多少遍,才开始明白了那么一点。但是好的方面是,在阅读的过程中,也在慢慢地学会阅读的技巧。我还发现了一个对我挺管用的方法:在看完一篇文章的时候,可以先放一放,或者是隔一天再拿出来看看,可能会有不一样的思考,有新的收获;同样,如果一篇文章看不太懂,可以不纠结,先放放,等过段时间再看,可能会有不一样的体会。

> ➢ **对策 2——边读边记**

(1)读书的过程中,一定要记笔记。开始的时候觉得做太多笔记影响了读书速度,可是没有摘抄一些重点的话,读的时候虽然可以理解,读完之后其实并不能清楚地列出这本书的主要观点,而且很快就忘记读了些什么。记笔记的另一个好处是便于查阅。

(2)平日里读书要记得做笔记、摘要、小结、评论,有想法就要记下来,不记就弄丢了。

(3)我在阅读文献时,一般采用边读边记的方式,即打开一个空白文档,把有用的材料用截图软件截下来粘贴到文档中,记下出处。这样一来,就能够避免遗失有效信息,查找起来也相对方便,每篇文章的梗概都能出现在文档中了。需要引用时,再用图文转换软件将图片转换成文字即可。这样摘录有效信息的方式能够节约不少时间。

(4)通过对本书中主要汉学家之间社会关系及其研究方向的梳理,……列了以下两幅组织结构图。这只是个初步的构思,我想,随着对这本书了解的深入,我的思维结构图也会更加完善、合理,内容也会更加充实。虽然不知道所做的这些是不是无用功,对我今后的研究有没有大的帮助,但我个人觉得这样一种归纳式的学知识的方式还是比较有意思的。

(5)在文献的阅读和整理方面,上学期我习惯的是手写笔记。笔记本会有一个折痕,左边写一些文章摘抄,右边部分是自己的思考批注。不认同、不理解或者觉得有必要进一步讨论的地方,都会用红笔标注出来。这在最后学期论文的写作中起到了很大的作用。往往自己的观点都是从这一部分笔记当中引申出来的。

(6)当遇到不认识的生词时,往往借助于词典,但翻译过来有时候会不符合文章的原意或者显得不通顺,或是因为术语问题,或是在语境下的意思不对,这个问题该如何解决?我想,术语问题应该是见到一个就尽量记住,下次再遇见就会认识,此外,还需要尽量和之前读过的中文文献联系起来。而对于语境下的特殊含义,只能根据上下文自己仔细揣摩,想不出有其他更好的方法。

(7)我现在觉得想到的问题其实都可以记下来,拿出一个本儿,专门记下自己这些灵光一现的想法,不管它有多天马行空。说不定在自己的经验和知识储备增加之后,回过头来看这些问题,发现还真有值得研究并且能做出点东西的。我们不要急于否定自己,因为我觉得现在还是积累的时候,有了积累才能有发展。

> ➤ 对策3——边读边想

(1)我思考了很久,大致想出了一个方法:读论文不能只看论文的结论,而是要千方百计地重现作者的思考过程,再现作者的思想。这种再现实际上是对作者思考问题的一种模仿,当我们模仿多了,那么产生思想的思维过程大概就能够建立,用类似的思维过程,也许就能产生属于自己的思想。

(2)读文献的时候我还会面临一个难以抉择的问题:看了这篇文章,觉得这个观点真好,可以借鉴;看了那本书,觉得那种研究方法也很好,我也可以用。最后往往就会处于一种盲目的崇拜阶段,以致忘记了自己最初的想法是什么了。其实,任何学术成果都是人做出来的,既然是人而非神,那么就必定会有优点也有缺点。我们浏览学术成果的时候,应该要学会用辩证的态度来看作者的观点,比较不同文章之间的优势和劣势,通过批判性地接受和比较性地归纳总结,梳理出当前国内外研究的现状以及存在的问题,从而确定自己文章写作的主要内容和重点。

(3)我也发现自己读书时的一个毛病,总是想做各种笔记,却忽略了书中句与句之间、段与段之间以及篇章与篇章之间的关系,结果读完的时候脑海里留下的东西就不太多,需要一遍又一遍地去重读才有效果。看样子以后要学会在读的时候关注作者写作的"主题句",提炼作者的观点,这样效率才会高。

> ➤ 对策4——边读边译

在阅读整篇英文文章的过程中,是否需要将文章的大概内容翻译过来?我的经验是,当特别重视一篇文章时(比如要就此文做报告),会翻译大部分内容,理解后再尽量用自己的语言转述,这种情况下读过的文章通常会印象十分深刻。

> **对策5——坚持阅读**

本想将看这本书作为一个每日坚持的习惯,但刚开始的新鲜劲儿过后,兴趣有所减弱,有时临时有事,就不能保证天天阅读。由于里面的理论都是我前所未闻的,开始阅读时字字都看得十分仔细,但慢慢了解到重点、兴趣点后,就有所侧重地去阅读,读起来也稍显轻松一些。

教师指导：

阅读文献感到困难的原因是多方面的,可能是某一文献太难,内容超过了学生专业知识的储备;也可能是文献较多,学生理解相关文献之间的关联有困难。如果是外文文献,学生的外语水平也是影响阅读理解的一个重要因素。产生阅读困难的另一个原因是阅读方法不正确。阅读文献可以从题目和摘要开始。通过阅读题目和摘要,确定哪些文献需要精读,哪些文献只需要泛读。与自己研究直接相关的文献需要精读,间接相关的文献只需要读文献题目和摘要即可。即使是精读的文献,也不需要从文献的第一个字逐字逐句地读到最后一个字,只需要重点关注以下几部分的内容:(1)每一项研究的理论框架和研究背景;(2)该研究的方法,包括研究对象、研究工具、分析方法等;(3)该研究的主要成果,包括它在讨论部分所提出的观点、所作的推论等。如果需要了解相关细节,可以进一步阅读细节所在的部分。

在研究的不同阶段,阅读文献的目的和重点有所不同。研究开始前阅读文献,是为了解研究现状、当前争论的焦点、未来的发展趋势,从而确定自己的研究选题。因此,选题阶段,我们可以重点读论文的讨论、结论部分,因为在这部分作者通常会说明自己研究的不足,或者是展望如何进一步深入研究,因此是选题的重要来源。研究进行的过程中,我们可以重点阅读论文的研究方法部分,借鉴已有的研究方法来设计自己的研究。也可能是在自己研究出现问题时,通过阅读他人的研究来解决问题。最后在论文写作过程中,阅读则以论文的结果部分为主,将自己的研究结果与他人的研究结果进行比较。由于不同阶段阅读文献的目的不同,因此同一篇文献可能需要多次阅读。正如同学在日志中所说的,一些一开始不理解的内容通过反复阅读就能够明白了。在反复阅读同一篇文献的过程中,每一次阅读我们都可能会有新的思考、新的收获。

在阅读文献的过程中,我们时不时地会产生一些自己的想法,这些想法可能很零星,不知道对自己今后的研究有没有用。这些思想的火花因为很不系统,所以如果不及时抓住,很快就会忘记。此时,读书笔记就显得非常有必要了。从同学们的实践来看,阅读文献的过程中记笔记对理解文献、形成观点还是有帮助的。

阅读笔记的内容可以由以下三方面构成:(1)文献信息;(2)对文献的评价;(3)文献的功能。

文献信息部分包括文献的基本信息和内容。基本信息包括:作者、发表日期、篇名、出版信息或刊物信息(名称、卷号、页码)、文献位置。文献位置是指在哪儿可以找到这一文献,如学校图书馆、知网,或者自己电脑上的某一目录。文献的内容可以记录提出该研究课题的理由,该研究的理论或假设,收集数据的程序和测量工具,该研究中的研究对象、数据分析、主要发现。文献的主要观点和发现也可以整理成一些图表,因为图表更有利于理解和记忆。

文献的评价部分主要是记录自己阅读这篇文献的感受,可能是自己不明白的地方,可能是自己可以借鉴的方法、观点,也可能是自己认为的这篇文献的不足之处。

文献的功能是要记录这篇文献对你自己的研究有什么用,如是用于文献综述还是参考其研究方法,还是要与自己的研究结果进行对比。

文献的评价和功能部分是形成自己研究思路和观点的重要来源,因此文献的评价和功能最好记录在与文献信息不同的区域,或用不同颜色的笔记录。

阅读笔记的语言也是一个需要注意的方面。记录文献的内容可能是原文摘抄,也可能是用自己的语言叙述。这二者在作笔记的一开始就需要严格地区分。如果是原文摘抄,就需要放在引号中。如果忽略了这一细节,随着积累的资料的增多,我们有可能分不清哪些是原文摘抄,哪些是自己写的,导致最后的论文不符合学术规范。

笔记需要定期整理、分析,把相关的内容放到一起。整理、分析笔记的过程中,我们也可能形成某些自己的观点,最后形成自己的研究笔记。研究笔记的内容可以包括:(1)阅读文献的内容;(2)相关主题的内容;(3)研究问题;(4)研究思路;(5)时间安排;(6)待办事项;(7)参考文献;等等。

四、文献综述

> **困惑1——是否追求全面?**

文献综述是否要追求全面,有些一家之言是否要加进去?有的时候要把所有观点都阐述出来,就不能梳理出一条很清晰的线索,有些不在一个层次上。但是如果有删减,是否就会概括得不全?

> 困惑2——该如何分类？

我先是根据它们的标题，按照其相关性分了十几个小类。在分类的过程中，我浏览了很多文献，并渐渐发现这种分法有很大的问题：一是概括力不够，一部分文献找不到归属；二是关键词不明朗，一部分文献同时可以归入几类，但同时一些概括力更强、区分度更鲜明的分类也逐渐浮现出来。我便在第一次分类的基础上进行了第二次、第三次调整，终于根据文献的研究内容及研究方法，划分出了十六个小类，剔除了一些研究少数民族语言中的异体字的无关文献，大体上有了整个综述框架的思路。第二天，跟其他组员商讨交流，在这十六个小类的基础上，归纳出异体字的三个主要研究领域——本体理论、整理规范和古文字中的异体字研究。前两个领域是前人综述的基本分类，而我们注意到的古文字异体字研究是之前的综述几乎没有提到的。

> 困惑3——综述的角度怎么选？

很多主题已经有前人进行了卓有成效的综述，我们如何在众多综述中找到闪光点，做出与前人研究不同的创新点？文献综述的角度如何选择？

> 困惑4——是否要评述？

是否应该指明论文中存在的问题和研究方面的不足？尽管在我看来，以我们现有的水平，还不足以对论文指手画脚。

> 困惑5——综和述的顺序怎么安排？

老师提出要以问题为导向来写文献综述，我有点困惑。一是对于各家的研究，我很难提出缺点和疑问，二是问题和创新是在文献综述的基础上提出来的，那是否需要我提出问题后，再根据自己的问题把文献综述中不相关的内容删减掉重新写一遍？这个思考顺序我有点疑惑。

> **对策1——要有自己的观点**

(1)写文献综述一直让我很困惑。我们经常听到这样的说法,对于刚开始做学术的人来说,写文献综述是很合适的选择。我也多次写过文献综述,最大的困惑莫过于对于别人观点的引用与自己观点的处理问题。写作过程中,不可避免地要使用许多别人的观点,写着写着就成了他人观点的罗列。并且会担心文章中使用太多别人的观点会影响文章的思想性,甚至造成学术不端的后果,这一度让我十分困惑。我也曾针对这一问题咨询过几位老师,他们的回答很相似:引用是不可避免的,但对于综述而言,更重要的是自己的观点。

(2)以前没有正经写过论文综述,所以也不知道到底该从哪里做起。今天我准备尝试着写文献综述的作业,但是在读完了几篇文献材料之后,却不知道从何下手。以前觉得文献综述是一种比较好写的文章,把别人的观点用自己的话再说一遍即可。可是现在我发现不是这样。在写文献综述时,不仅要重述别人的观点,还要有意识地把同类观点总结在一起,更要有自己的提炼和升华。

(3)看了几篇综述性的论文,似乎知道了一点点方法。要写综述性的文章,除了找好各种各样的相关材料外,还需要具备提炼的能力。在一个段落中,作者首先需要从所有材料中提炼出一个共同的观点,然后再举出相关论文中的例子来支撑这个观点。如何把那么多材料整合在一起,这确实不是一件容易的事。

(4)我本来以为文献综述就是没有什么研究问题,只是找到一些好的文献,告诉大家这些文献讲了什么,有什么创新之处即可,问了老师后我才知道,原来写文献综述也是需要提出问题的。这提醒我,下次开始写文献综述的时候,应该先从问题出发,在问题的基础上找到与问题息息相关的文献,然后再按照解决问题的逻辑顺序来整理文献,厘清文章之间的逻辑关系,为解决问题提供有效的思路。

> **对策 2——把握文章，找好切入点**

（1）在我所听到的报告当中，有两篇论文是文献综述，一篇是近十年汉语停延研究，另一篇是有关留学生汉字偏误的研究。两篇文章的内容都比较全面，第一篇介绍了停延的定义、分类、功用，第二篇包括了正字法、书写偏误、认读偏误等。能够看出，两位同学都花费了许多心思，也阅读了大量文章。但负责现场点评的老师却认为这并不是两篇好的文献综述。他说，对文献综述而言，最重要的事情有二，一是对于文章的宏观把握，二是要选取好的切入点。有了好的切入点，才能把复杂的问题简单化，把简单问题复杂化，而这两篇文章的切入点都抓取得不够好。

（2）我在知网上搜索对外汉语教学方向被引次数最多的综述，首先看到的是李泉、赵金铭、吕文华等人针对近二十年教材编写、语法教学等内容的综述。之后的论文则选取了小的切入点，比如"有"字句、"比"字句。虽然没有具体统计宏观切入点与微观切入点比例各占多少，但可以明显感觉到，更多人选取了小的切入点，而专家型学者则会对一个大的方向进行综述。大的综述往往带有使命感的色彩，以现状、原因分析、问题解决的模式行文；而小的综述往往比较细致，在研究中将前人观点一个个抛出，完成对某个语法点或教学点的全面探究。从某种程度上而言，切入点的选择与作者的驾驭能力息息相关，对我们而言，选择较小的切入点的确是更为合适的。

（3）上大学的时候，我并没有严格地写过一篇文献综述，现在我才知道，文献综述并不是简单地罗列材料，它需要对相关文献进行严格的对比、综合，找出欠缺处并发掘新的研究方向。

我在写文献综述时，开始先将每篇文献的主要观点、研究方法等内容写成一个简单的总结，并按照论文发表时间的先后顺序放在文档中。等看完了全部文献并作好记录后，再将每一篇文献进行比对，发现相同的观点，找出差异的地方，以期在做综述时可以将这些各自独立的论文进行归类。在比对的过程中,我也会发现一些值得商榷的地方,提出一部分自己的观点。最后,我会将这些文献进行一个总的归纳,总结出前人研究的大致结果,发掘他们共有的不足以及还可以进一步研究的地方。

(4)除了提炼观点的能力,还需要发现这些文献材料没有研究过的问题,或者是一些有待改进的地方。也就是说,研究综述不仅是总结前人研究的成果,还要在这些成果的基础上有一个提升,发现前人研究的不足之处,以便后来人看到这篇综述时知道从何做起,不至于做很多无用功。

> **对策3——摸索出自己的方法**

(1)我似乎摸出了一条自己研究课题的流程,记录如下:

a. 拿到一个新的课题,查找相关文献综述或者教材专著,通篇浏览,力求尽快入门。特别是对于核心概念的定义和概念的范围要弄清楚。

b. 在浏览的同时,可以打开一个 word 文档,记录重要的内容,包括:重要的参考文献、文献的大致主题、重要的概念以及概念之间的关系。

c. 选取若干重要文献仔细阅读,阅读的同时建立另一个 word 文档,有条理地记录该文献中的主要观点以及自己的想法。

d. 结合文献阅读和自己的想法,形成一个自己报告的大致提纲,记录在另一个 word 文档中。这个提纲需要有层级,需包括大致的框架结构名称、每一小点下的主要观点和相关参考文献,以及参考文献中要引用的内容。提纲不能一蹴而就,可以随时修改补充,只要大致框架在即可。

e. 最后根据提纲形成 PPT 或报告。

以上是我总结的一个对我来说较为可行的做报告的方法。如果是做研究的话,也可以将这一方法稍加改进后使用。方法的主要思想在于,阅读时一定要有条理地随时记录和整理,不能等到事后再整理;真正动手写文章、做报告之前,一定要有一个大致提纲,这样才能心中有数,事半功倍。

(2)我先大概给自己列出一个框架,把自己的行文思路预先提炼出来,然后再回到文献当中去,从文献中把前人的相关研究内容和结果摘出来,一条一条归到自己的框架当中。这样的方法让我在阅读中很好地把握住了文献的核心观点,也让自己的写作变得轻松了很多。

> 对策4——敢于下笔

回家反思了自己,确实没写过,对我来说是一大难点,但我不应该一直停留在阅读的阶段,而应该直接动笔,在做中学,同时也在学中做,如此才能早日碰到问题,早日解决,否则只能是在原地打转,停滞不前。

教师指导:

论文写作准备阶段的最后一步也是最重要的一步,就是需要对阅读过的文献进行整理、分析,最后写成书面的文献综述。文献综述要求研究者回答以下问题:这个问题为什么重要?还有哪些研究认为这个问题很重要?此前谁做过此项研究?研究中还存在哪些不足和空白?我可以怎么改进并形成自己的研究?我将做出什么样的贡献?我将回答哪些特定的问题?文献综述大致包括以下几部分内容:(1)阐明要研究的问题;(2)关键术语的定义;(3)文献综述和分类;(4)对综述的文献进行综合评价;(5)得出可进一步研究的结论,提出自己的研究问题和研究方法。

对文献的分类可以从不同的角度进行:

(1)按学科领域分类。如对某个问题的文献按照心理学、语言学、计算机科学等学科分类。

(2)按学术观点、学术流派分类。如关于习得的文献,有行为主义的刺激—反应论,乔姆斯基的普遍语法理论,克拉申的监控理论、关键期理论等,文献可以根据这些不同的学术流派分类。

(3)按问题研究的历史发展阶段分类。语言教学法的文献就可以根据其历史发展阶段分成以下几类:语法翻译法(19世纪)、直接法(19世纪下半叶)、情景法(20世纪二三十年代)、听说法(20世纪40年代开始)、认知法(20世纪60年代)……

(4)按研究程序或研究方法的运用分类。例如有关多义词的本体研究,可以是基于词典的研究,也可以是通过语料库的研究,还可以采用汉外对比的研究方法或心理实验研究的方法。相关文献可以按照这些不同的研究方法来分类。

进行文献综述时常见的问题有:

(1)重要文献缺失

有些学生可能认为,文献如此之多,少引一篇不是什么大问题。其实不然。如果缺失的是相关问题的一个重要研究成果,那么可能会有两种结果:如果你的研究结果跟缺失的研究成果相同,那么可能就是对他人研究的重复,研究的创新性和价值就会大打折扣;如果你的研究结果跟缺失的重要研究成果相左,那么你的研究结果的可靠性可能会受到质疑。

重要文献缺失可能是检索文献时遗漏的,但也有可能是作者为了说明自己研究的独创性而故意忽略了某些文献,只选择某些文献进行综述造成的。像后者这种主观忽略某些文献的做法尤其需要避免。

(2)罗列文献,文献之间没有逻辑关系

有些文献综述对文献没有分类,每段文字都以文献作者的名字开始,每段都是一篇文献的总结。这样的文献就像是一个自己阅读过的文献的清单。这样的文献综述通常也谈不上对文献的评价。有些文献综述对文献进行了分类,但是也缺少对文献的评价。

文献综述需要概括不同文献中相同的观点,将相关的、类似的内容分别归类,形成关于某个研究问题的若干主题。同时,文献综述还需要发现不同文献中的不同观点,对比不同的观点、矛盾的观点,分析产生不同观点的原因,按一定的原则做出评价。文献综述还需要发现已有研究的不足。现有研究的不足可能是理论基础的片面性、方法论的局限性,也可能是研究设计的不足或研究方法运用的不当等。

(3)文献综述与自己的研究关系不密切

读者通常无法从罗列型文献综述中看出它与作者研究的关系。但也有些进行了分类和评价的文献综述与作者自己的研究关系不大。文献综述的目的并不是疏理已有文献自身发展的逻辑,而是彰显学位论文拟要解决问题的逻辑。因此撰写文献综述不只是把相关的内容罗列、呈现出来,更重要的作用在于进一步澄清、明确自己拟要研究的问题。论文拟要研究的问题是什么?是否有意义?有什么样的意义?这些问题的答案需要在分析、评价相关研究的基础上才能找到。论文中的文献综述并不需要全面、系统地呈现已有相关内容。"实际上,要想真正凸显拟要研究问题的意义,对综述的文献则需要精挑细选,因为只有那些有影响力的作者的言论和具有代表性的观点,才能衬托出拟要研究问题的价值。"(李润洲,2014)①

---

① 李润洲,2014,《"主题编织"抑或"问题先导"——对教育学科学位论文文献综述的思考》,《研究生教育研究》第3期。

同一领域的研究,如果研究问题不同,文献综述也是有差异的。例如都是研究伴随性词汇学习,《汉语阅读中的伴随性词汇学习研究》(钱旭菁,2003)①研究的是学习汉语的日本留学生是否能通过阅读习得某些词语,该文的文献综述主要回顾了不同语言的伴随性词汇学习的习得率;《词义猜测的过程和猜测所用的知识——伴随性词语学习的个案研究》(钱旭菁,2005)②研究的是词义猜测的过程和影响因素,该文的综述主要回顾了词义猜测的影响因素。

　　写综述时还要注意应以研究问题为导向的原则。文献综述包括哪些文献,不包括哪些文献,取决于研究问题。文献综述的线索是研究问题,因此不需要追求全面。文献综述的角度应该是围绕着自己的研究问题。自己的研究应该是有创新的,否则就没有研究的必要。

　　如果自己的研究源起于前人研究的不足,现有研究的不足就是自己的研究问题,文献综述当然需要评价这些研究的不足。

　　文献综述应以研究问题为导向的原则也决定了文献综述的写作不是一锤定音。随着研究的进行、论文的形成,研究问题可能会调整,文献综述也需要根据研究问题做出相应的修改。学位论文的文献综述也不能一字不改地照搬开题报告的文献综述。

---

① 钱旭菁,2003,《汉语阅读中的伴随性词汇学习研究》,《北京大学学报》第4期。
② 钱旭菁,2005,《词义猜测的过程和猜测所用的知识——伴随性词语学习的个案研究》,《世界汉语教学》第1期。

第二章 论文的写作过程

第一节 常见的研究方法

一、语料库

> **困惑 1——怎么选择语料库？**

（1）关于语料库的选择，我选择了北京语言大学的现代汉语语料库中的报刊语料。报刊相对而言是书面语的语料，除此之外，主要是筛选便利，并没有从研究的需要来选择，也没有明确的指向性。

（2）我们的报告是依据 CCL 现代汉语语料库、汉英双语语料库和 HSK 动态作文语料库三个语料库进行的研究。我和另一位小组成员负责分析从 CCL 现代汉语语料库中抽取的"心里、内心、心中"各 300 条语料。

（3）本文采用的是 CCL 现代汉语语料库，但是"怎么"这个问题属于口语中很常见的现象，所以口语语料库是更好的选择，我这次改写也打算更换语料库，比如《我爱我家》《历史的天空》。但是论坛上的同学说《我爱我家》这类也不属于口语语料库，所以现在这个问题就摆在面前，我到底该怎么办？《我爱我家》这类语料库还可不可取？如果不可取，那该采用什么类型的语料库呢？

（4）做基于语料库的研究时，语料的数量是否越多越好？如果不是这样的话，在做研究之前，该怎样确定一个适宜的语料规模？

> **困惑 2——怎样抽取语料？**

(1)我直接截取了研究对象各自前 500 条语料，现在发现这样是很不科学的，数量上先不说，是不是应该隔一段取几条？

(2)应用语言学的课程要求我通过 CCL 的汉英双语语料库分析"进行"和"加以"的汉英互译情况。我这是头一次真正自行使用语料库做研究，还是汉英语料库。"加以"的语料共 363 条，不算多，所以我准备全部分析。

(3)本次应用语言学的作业是利用语料库做"心里、心中、内心"三个词的词语辨析和使用偏误报告。上周我们刚刚完成北京大学 CCL 汉语语料库、北京大学 CCL 汉英双语语料库和 HSK 动态作文语料库的语料抽样工作。按照老师要求，这次语料的选择我们直接进行全库搜索。这三个词的语料数目在 CCL 汉语语料库中均在 2 万条左右，最终每个词抽取 300 条样本。HSK 动态作文语料库中的语料相对而言数目较少，只有几百条。我负责 CCL 汉英双语语料库查询，最终搜集到"心里"518 条，"内心"127 条，"心中"239 条，上述数据显示，只涉及"心里"的抽样问题。

(4)这两周的主要任务是对"心里、内心、心中"进行汉英双语语料库的整理和分析，是整个词语辨析报告的重要组成部分。首先是完成对语料的抽样，因为上周针对"心里、内心、心中"三个词进行穷尽式搜索，分别得到"心里"518 条语料，"内心"127 条语料，"心中"239 条语料，按照老师要求，只有"心里"满足抽样数量，可抽取 300 条语料。抽取之前首先去掉无效语料，得到"心里"有效语料 514 条，"内心"有效语料 124 条，"心中"有效语料 231 条，然后将 514 条"心里"语料分成十组，每组间隔性抽出 30 条语料。在这里我有一点疑惑，就是语料库的语料排列是按照什么规律进行的？若排列本来就具有随机性，那么这种抽样就是没有必要的。因此，本次语料抽样是在默认语料排列具有规律性的前提下进行的。

> **困惑 3——怎么分析语料？**

(1)在分析语料时我们分别从语义、语法、语用三个角度进行，考虑到了工具书、网络释义，词语搭配，充当某一成分的能力，在句中所处的位置，语体色彩等方面。然而可能受到语料数量及抽取不合理的影响，我们得出的结论中"内心""心里""心中"任何一词都不具有明显的区别于其他两词的意义或功能。老师问我们三者组成介宾短语做状语时的分布、三个词分别与怎样的动词共现、各自的句型分布的数据，可惜的是我们都没有做这方面的分析。

(2)在老师点评之后我发现，我们在做研究时存在不够细致、挖掘不够深入的缺点。尤其是CCL语料库的本体研究，我们分析语料时只抓住了语义、语法、语用三个角度，没有考虑到每个角度还可以细化，或者说细化得不够彻底。并且在分析时没有足够的理论支撑，大部分结论的推导都出自我们自己的理解，不够系统化、理论化。

除此之外，与另外一组相比，我们的思维定式很严重，老师说每个词选300条语料，我们就始终以这300条语料为依据。即使某个固定搭配在300条语料中只出现一次，我们也没想过在全库里检索，没想过是不是语料的选取不够科学，草率地下了"出现频率低"的结论。而另外一组在出现类似情况时却考虑到全库检索，以尽量保证结论的科学性。

> **困惑 4——语料库与数据统计的关系是什么？**

(1)运用语料库的研究方法就一定要列出数据统计结果吗？

(2)这周在修改自己以往的文章时，对语料的来源或者说研究方法产生一个疑问：在研究语法或词汇时，语料来源一般是内省或者语料库，这似乎已经成为一定的研究范式，如果语料源于数据库，运用数据库这一研究方法是否一定需要进行数据统计和比例分析呢？

（3）我在进行"能"和"会"的比较时，通过参考文献和搜索语料库总结出它们的异同点。但课程老师对文章的反馈是：是否要在相应检索后进行穷尽式统计？异同点所在句子的比例是多少？如一部分学者认为"会"前不可加副词，我通过语料库搜索发现"会"前可加副词，老师的反馈是我应该统计出"会"前加副词的句子的数量和比例。

> ➤ **困惑5——从语料到观点还是从观点到语料？**

（1）本科的论文我使用了语料库对"然后"进行研究，发现了语料方面的问题。比如，当我在查找"然后"开启话轮这一语用功能的语料时，我已经提前在心中设定"然后"具有开启话轮的功能，查找的语料就是有针对性的，但是这样的语料可能不具有普遍性。当使用语料库时，应该根据语料总结观点，还是根据观点去寻找语料？

（2）分析语料之后怎么得出结论呢？是先要有一个假设还是在分析的过程中逐步得出结论呢？实际的分析过程中，我得到了很多的数据，但是我并没有得出有价值或者有创新的结论。

> ➤ **对策——先查文献再进行语料分析**

首先查工具书与相关文献，看它们是怎样解释的，包括其语义和语法，出现在句中的什么位置，充当什么句法成分，和它共现的有哪些成分。然后，根据词典或其他相关文献提供的线索，对相应的语料进行分析，对语料进行统计，看看说的是否正确。在分析语料之后，可能会发现一些前人没有提到的用法。语块以及比较特殊的语法现象，都应该成为我们分析的内容。

 **教师指导：**

语料库是做语言学及应用语言学研究时常用到的资源。同学们常使用的语料库有北京大学 CCL 语料库、北京语言大学 HSK 动态作文语料库、北京语言大学 BCC 现代汉语语料库、国家语委现代汉语语料库、中国传媒大学媒体语料库等。选取哪个语料库要依据研究对象来定。比如要研究现代汉语语法或者词汇现象，应该查的自然是现代汉语语料库；若要研究留学生的书面语偏误情况，可以搜索北京语言大学 HSK 动态作文语料库。但是一个语料库常常不能满足研究的需要，这时候可以考虑几个语料库结合起来使用。比如先在中介语语料库中找到学生的偏误情况，说明研究对象对于外国学生来说不易掌握，该选题非常有价值，然后在现代汉语语料库中统计分析其用法，描写其使用规律。若在分析时注意到该研究对象在口语对话中更为常用，可以用媒体语料库作为补充语料。网上的现代汉语语料库多为平衡语料库，包含了各种语体，如果要考虑语体差异，在语料库中提取时一定要注意语料出处，分语体进行统计与分析。

语体可以粗略地划分为书面语和口语，书面语以政论为代表，口语以自然口语对话为代表。电影、电视剧虽然也是口语，但毕竟是经过加工的语言，有些用例检索不到。虽然我国的语料库建设取得了不小的进展，也有一些现成的语料库可供选择，但未必都能满足研究的需要。如有可能，可以自行建设小型语料库。建设语料库固然辛苦，费时费力，但是建设语料库的过程本身就是研究的过程，也能够发现一些问题，所获得的收获是使用现成语料库所得不到的。

与内省的方法相比，语料库的优势是能够快速检索出在真实语言材料中某一用法是否合法,使得证据更加充足,论证比较客观;使用语料库的缺点是无法穷尽所有的用法,我们所说出、写出的话是无限的,语料库再大也不能涵盖所有的言语。我们在使用语料库时,一定要能找到足够的用例才可以研究。如果语料库所检索到的用例过多,这时候就可以采取等距抽样或随机抽样等方法,选取其中 500 例或者 1000 例进行分析。若在分析过程中发现了有意思的现象,但这种现象在抽取的样本中所占比例较小,则可以进一步搜索全库来探讨。语料规模需要多大要根据研究对象来确定,比如研究自然口语对话,转写 10 个小时的自然口语就很不容易了。

毫无疑问,语料库在分析语言事实方面发挥着巨大的作用。通过语料库,我们可以研究词汇、句法、语义、语用、语篇、语言教学等多方面的问题。无论是研究哪一方面的课题,都要有问题意识。袁毓林(2012:317—318)[①]解释过做研究的思路和方法:"我们首先应该以理论的眼光来观察语言现象、分析语言事实、提出明确的问题,然后通过分析相关的语言事实来论证和解决所提出的问题,并发展出新的理论原则和分析方法。"

需要注意的是,使用语料库就会涉及数据统计,在统计分析的基础上得出结论。可以说,所有统计方法都可以运用于语料库。穷尽式统计能够在一定程度上说明问题,但是数字是冰冷的,光有数字不能完全解决问题,需要结合典型用例加以分析,这就需要作者具备一定的理论素养,因此大量阅读文献仍是做好研究的前提。

---

① 袁毓林,2012,《汉语句子的焦点结构和语义解释》,商务印书馆。

二、对比

> **困惑 1——对比、辨析对象怎么确定？**

对相关写作方法与技巧进行回顾之后，我开始思考对哪两个词进行比较。无论是上学期老师给出的"无论""不论"，还是两周前看的"看作""当作"，抑或课上一起讨论的"犹豫""踌躇"，这些词在形式、意义、功能或用法等方面有相似或相近之处，在工具书上亦多以互释形式出现，母语者对之往往未曾刻意加以区分，但均能凭借语感知晓在哪个句子中应当使用其中的哪一个词语，即所谓"习焉不察"。而对于二语学习者而言，该类词的辨析便成为了使之困惑不已的难点。故而以我之见，对外汉语教学课堂是发现词语辨析材料的最佳来源。但由于至今未曾有过实际教学经验，我无法从自己以往的积累中提炼出比较材料，便想站在前人的肩膀上寻找思路。考虑到最好不从纯本体角度去分析研究，我翻阅了《对外汉语教学语法释疑201例》，力图从留学生的实际问题中探索可发掘的研究点。我首先框定了"刚才"与"刚刚"。然而在知网上进行相关文献搜索之后，发现前人对此已经有大量的研究。几番纠结之后，我决定对词语进行重新选择，并最终对"赶紧"和"连忙"产生了兴趣。《对外汉语教学语法释疑201例》将此两者与"马上""一下子"共同讲授，捆绑辨析，真正涉及"赶紧"与"连忙"的仅有已然与未然项。我又在知网上对关键词"赶紧""连忙"进行了搜索，发现真正意义上符合该搜索要求的仅有一篇题为《基于语料库的"赶紧、赶快、赶忙、连忙"的多角度辨析》的论文。该文主要从句法结构、语义特征、时体特征、使用语境四个角度切入，实际涵盖语法、语义、语用三大层面，较为全面、细致。但由于其研究对象较多，实际操作时亦将"马上"纳入比较范围，导致比较时不够明晰、直接。

故而，我决定以此两词为研究对象，对之进行更进一步的、更明确的比较与探讨。联系先前对相关语料库特征的简单认知，我决定先浏览 HSK 动态作文语料库，了解相关学习者的偏误，再通过 CCL 语料库总结此两词用法的异同，由此对对外汉语教学提出一些建议。

> **困惑 2——对比、辨析词语类文章怎么展开？**

（1）着手分析语料之初，我有些茫然无措。提及词语辨析，最先想到的角度便是"语义、语法、语用"三大层面。但每个层面应当如何展开呢？由于对语法最感兴趣，我便决定从它入手，从语料中一点一点寻找思路。我首先对各条语料的结构、搭配等进行了简单区分，同一类型采用相同的代号进行标记。我的思路随着对语料的分析也一点一点更加清晰。而实际上，"心里、内心、心中"这三个词在结构上表现出极高的相似度，其差别主要集中在频率分布上。就结构而言，我首先注意到的是它们做定语的用法，其中又可分为两类：中间有"的"的与中间没有"的"的。"心中"做定语时，与中心语之间往往有"的"字，且中心语涉及范围较广，抽象名词、具体名词、情绪名词、单音节名词、数量名结构等均有涉及；"内心"带"的"与不带"的"的频率颇为相似，但有"的"的成分后往往接表示情绪的词语，例如"苦闷、激动、痛苦、悲伤、喜悦、渴望"等，而没有"的"时，则略有固定搭配的性质，如"内心世界""内心深处""内心独白"等；而"心里"除了"心里话"这样的固定搭配，用作定语的情况极少。故而就用作定语的频率而言，此三词由高到低依次为"内心＞心中＞心里"。随后，我又注意到了"A（的）心里/内心/心中"这样的结构。这里的 A 包括人称代词、反身代词、亲属称谓、人名、职务等一系列指人的词，例如"我的内心""小明心中""妈妈的心里"等。而这样的一种结构从哪一个角度切入会比较合适呢？我有些犯难。我将该部分语料筛选出来进一步分析，最先发现的是使用频率较高的一种用例："v.＋在＋A（的）心中"，且这样的结构往往出现于句末。例如"刘胡兰、黄继光这样的英雄人物，将永远活在人民的心中"。或许该结构在句中所处的位置有可研究之处。于是我对其位置分布状况分别进行了考察。结果发现，就该结构而言，"心里"多置于分句首,"内心"居于句首、句中的频率接近,而尽管"心中"多置于句中,但它在三个词中置于句末的频率最高。就与该结构的结合程度而言,"心中"最多,"内心"最少。

那么,这三个词做主语、做宾语的状况又分别如何?以及分别可以从怎样的角度进一步切入呢?我决定进行更进一步的探讨。

(2)我不想选择一组自己熟悉的易混淆词。于是打开《对外汉语教学语法释疑201例》,找出其中的词语辨析部分并推测其准确度,最终将目标暂定在"时间"和"时候"上。为了进一步探寻这两个词是否为留学生经常出现使用偏误的词,我先查询了HSK动态作文语料库,收集偏误,共收集到25条偏误用例。然后查询北大CCL语料库,汇总这两个词在汉语中的使用存在哪些格式,因时间紧迫且本次只是写一个段落,因此在进行语料库查询时只查询了老舍的现当代文学作品中出现的"时间"和"时候"的用例,共收集"时间"用例39条,"时候"用例200条。逐条进行分析,最后分类归纳出这两个词的用法,并进一步比较其异同。同时,利用CNKI数据库查询目前关于"时间"与"时候"的辨析的研究论文,已有学者对它们进行了相关研究,但篇目较少,不过对我依然深有启发。这些论文进一步验证了我的辨析思路,即结合语料从语义、语法和语用三个层面对它们进行比较,其中语法是重点,分为句法功能和组合搭配两个方面。在阅读他人研究论文的过程中,我接触到一个新术语"语值",按照作者的解释应该是语用价值。为了进一步探求这个术语是否具有科学性,我又进一步查询了CNKI数据库,发现"语值"这个词确实存在,储泽祥先生就曾于1996年发表过一篇论文,叫《汉语规范化中的观察、研究和语值探求——单音形容词的AABB差义叠结现象》,但它是否为语用价值义或其他,笔者将进一步进行考察。

> **对策 1——词语辨析段落的写作或者报告的思路**

(1)这一周的论文写作课,老师布置了词语辨析的段落作业。着手做作业之前,我先回顾了一下课上分析的以及尝试写作的辨析段落,并且就以下几点再一次加深了自己的印象:其一,主题句应当交代为何对两个词语进行比较,以及如何对它们进行比较;其二,确定比较点至关重要,应当根据词语的实际差别,选择合适的、不交叉的、有逻辑性的角度顺次展开;其三,具体的比较方法可以有分别比较(先说 A 后说 B)、列点比较(每个比较点 A 与 B 的差别)以及模块比较(先说相同点,后说不同点)等多种形式,可以根据实际需要进行选择;其四,语言应当严谨准确,论据应当充分。例如言及"用词频率"时,必须交代语料的选取范围;在考察"搭配"时,亦应当有语料库名称及数据支撑。

(2)我对词语辨析类问题的分析与写作有了以下几点心得:其一,分析与结论一定要建立在足够的、具有代表性的语料基础之上;其二,各分论点之间应当具有逻辑关系;其三,应当用语料或数据说话,尽可能减少主观色彩;其四,辨析的词语之间应当存在某种程度的共性;其五,适当辅以相关语言学理论,并参考相关工具书、前人研究成果等,会使文章更具说服力。

(3)下午报告小组一起讨论了研究及报告过程。首先明确了报告的总体结构:描述+解释+应用。其次对每一部分需要做的工作进行了具体规定。描述部分,重点在于对 CCL 汉语语料库部分的语料样本的规律进行描述,包括使用频度(口语和书面语分别计算)、语义(借助汉语词典、色彩)、句法(句法功能、搭配规则……)、语用(语体、适用语境、语值……)。HSK 动态作文语料库部分侧重描述留学生在这几类词的使用上存在的偏误类型,为了与双语语料库进行良好的衔接,该部分将重点提取英语母语者的使用偏误。而双语语料库则需要找出这三个词各自在英语中的呈现形式,重点考察其词性、呈现形式(单词、短语还是缺失）与汉语词是否具有一一对应关系。而经过语料统计，发现这也是难点所在，因为单单一个"内心"在英语中就存在十几种不同的表达，我目前正在总结这些表达的用法存在什么规律性，与汉语表达又有什么关系。接下来是解释部分，也是最有挑战性的部分，即运用相关理论解释为什么会存在我们分析出的这种结果。这部分除了需要组员有一定的理论知识积淀之外，还需要查询其他相关研究文献作为论据。而目前关于CCL汉语语料库的解释部分，我们只想到了认知理论中的原型理论和意象图式，这部分我们感觉自身理论积淀十分匮乏，也正是日后需要加强之处，总而言之，读书太少。最后一部分是应用，即二语教学建议，包括规律简化和练习设置展示。

> ➢ 对策2——分析语料时要注意分析所在句法结构与语境

在考察语料的时候，不仅要看我考察的词本身，还要看这个词所处的更大的语言结构，后者往往能提供更多信息。

> ➢ 对策3——随时记录想法

这一周在对"进行/加以"的研究上可以说有了很大的进展，而这一切都首先得益于我将自己模糊的想法落实到了有条理的文档中。这一周的前几天，我完成了对"进行"和"加以"一共700多条语料的初步分析。其实分析的工作很乏味，就是一条条观察语料，然后一一记录每一条语料的对译方式。对译方式我分为了四种：一是"进行/加以"后的动词对译为英文中该动词的主动语态，二是对译为被动语态，三是对译为该动词的名词、形容词等形式，四是"进行/加以"本身在英文中有对应的单词或词组表达。为了方便统计、分析，我建立了一个excel表格，一一记录这四种方式下对应的语料编号，并且在语料的文档中用不同的颜色标记出了关键词——事实证明，我当时这灵光一现的"天才"做法给我后面的研究带来了很大的方便。

……

与老师的讨论让我至少有了两点收获：第一，我重新认清了一些之前没搞清楚的汉语句式类型（这也让我认识到我的现代汉语语法基本功不扎实）；第二，老师给我建立了一个工作表，让我具体分析每一句的句式、结构在句子中的句法成分，以及对应的英文翻译，看看其中有没有什么倾向性。建立工作表的方式很大程度帮我理清了思路。

……

我决定将700多条语料重新一一看一遍。说到这儿想插一句，这真的仅仅是一个作业，甚至连期中期末作业都说不上，按理说我根本不该劳神费力花这么长的时间去弄的。但我可能真的是想通过这个小研究锻炼一下自己吧，甚至最初动力也许只是为了研究日志有内容可写而已。但既然做了，那就坚持到底吧，哪怕结果并不好，总会有收获的。我是这么鼓励自己的。

于是，周四下午我决心开始重新分析语料。让我头疼的是中文句式很多，我该怎么有条理地归纳出来，以及我该如何有效率地建立一个工作表。中午小睡了一觉后，忽然有了灵感。"进行＋verb"结构存在的句式无非有这么几种情况：主语出现/不出现，主语是受事/施事，有/无"对……"。将这几种情况组合一下便可，所有句子最终应该都能归到这几种情况中。于是，我将不同的句式编了号，不同的翻译方法编了号，不同的句法成分编了号。随后，我建立了一个新的excel表格，分别有如下几列：语料编号、英文对译、中文句式、句法成分。然后我开始重新一条条看语料，每看一条就将该语料的种种属性用数字代码的形式填入excel表中。由于之前已经用颜色标记出了英文翻译方法，所以这一次语料总结的过程还算比较快。在总结语料的时候我又有了想法，既然要看倾向性，何不试着用SPSS分析看看能不能得出一些结论。我不知道前人有没有过用SPSS看中英对译情况的做法。但我觉得这样很有趣，且理论上是可行的，所以准备待所有语料分析结束后试一试，想想还有些激动呢。

> **对策 4——小组讨论与逐步深入**

接着说语料分析的事情。今天与小组成员一起讨论了各自对"进行"和"加以"的研究成果,收获颇多。我发现小组讨论如果能够得到有效组织的话,是特别好的学习方式,小组成员间互相交流自己的研究成果,能够给其他成员提供灵感,而且往往能提出很好的建议。在CCL现代汉语语料库中对这两个词进行分析的组员,对"进行"和"加以"的句法、语义和语体色彩进行了详尽的归纳和分析。这拓宽了我对英汉对比语料进行分析的思路。

首先,在对比分析时,我一开始只是局限在关注这两个词是如何"翻译"的,因此按照翻译的结果对语料进行了初步的归类。然而我发现这样的方法很不周全,因为我没有探求为什么会出现这样的结果,也就是说,不同的对译方法的选择是受到了何种因素的影响。

其次,我只注意了"进行"和"加以"后面的动词,而忽略了该结构中的其他内容,特别是受事。该结构的受事主要存在于"对+N+进行/加以+V"这一结构中,在下一步的分析中,我要考虑N是如何对译的。当然,在这之前我还应该考虑动词的及物性,因为"进行"后的动词既可带宾语,也可不带宾语,"加以"后只能是及物动词。我应该考虑观察英语中的情况是否也是这样。

老师还让我思考为什么会有"进行"和"加以"这样的结构,有说法认为这是为了让新信息提前。我认为这样的说法有道理,但似乎还不能完全解释。在今天的讨论中,我也提出了应该找出必须使用"进行"和"加以"的结构,这样才能更直观地感觉到这两个有些虚化的词的作用。忽然想到,"我需要研究这个问题"似乎不太通顺,把"研究"替换为"研究一下"或者"研究研究"更好,而"我需要对这个问题加以/进行研究"就非常通顺。凭我的语感来看,"进行"和"加以"难道有减小动量的功能?我认为这还需要更多的句法实验来证明,特别是将使用了"进行"和"加以"的句子替换为其他表述的实验。另外,如果它们的作用是使新信息提前的话,我可以看一看在英语中是否丢失了这样的功能。最后,在对外汉语教学中,由于"加以"和"进行"的虚化程度较高,且英语中难以找到对应的词,因此学生解释"加以"和"进行"的意义就比较困难,我希望可以通过这个研究,找到用英语解释这两个词义的合理方法,当然首先可以参考汉英词典的翻译。这篇日志将作为我下一步工作的提纲,我想这些问题有眉目以后,研究就更深入了一步。

教师指导:

> 　　做对比或者辨析类的论文,最重要的是发现研究对象之间的异同。也就是在研究一开始,你要明确所研究的对象有的时候可以替换使用,有的时候则不能替换。对比的范围比较广泛,词汇、语法、教材、教师、不同学习风格、文化等多方面的内容都可以对比。选择对比对象的时候最好题目不要太大,否则不易把握。像《同义单双音节形容词对比研究》(李泉,2001)、《善听者与不善听者听力学习策略对比研究》(吴勇毅、陈钰,2006)、《中美学生汉语塞音时值对比分析》(石锋、廖荣蓉,1986)都是很好的题目。
>
> 　　对比类文章的写法有两种,一种是先说相同点,再说不同点,另一种是在每个比较点上说明所研究对象的异同。如上述日志中提到的"加以""进行",可以先说二者相同点是什么,不同点是什么,也可以依次说明二者在句法、翻译、功能上的异同点。再比如北京大学2014届张易同学的硕士论文《面向对外汉语教学的副词"很""太""真"的对比研究》,就是在每个比较点上分别阐述三者的异同,主要内容是这样的:
>
> 　　副词"很""太""真"是留学生在汉语初级阶段就遇到的三个重要的副词。由于语义、用法近似,学生在习得这三个副词时常常出现两两混淆的偏误。此外,现行对外汉语教材对这三个副词

的释义也存在漏洞。为了帮助学生正确习得这三个副词,也为了把这三个副词的功能研究得更加透彻,本文从句法、语义和语用三个角度展开研究。

文章以副词"很""太""真"为研究对象,首先从HSK中介语语料库出发,以自建的小型语料库为主,辅以CCL语料库,考察了"很""太""真"句法上的异同;其次,借鉴"语义结构分析法",对"很""太""真"的语义结构和语义要素进行归纳,并对三者的主观性意义做了详细的分析;再次,文章从篇章、语用的角度,对"很""太""真"的篇章功能、语用特点以及交互主观性进行了对比分析;最后,文章把研究成果和对外汉语教学结合起来,对词典释义进行了完善,对教材和教学提出了建议。

三、偏误分析

> **困惑——偏误有什么特点?**

对留学生作文中汉字偏误的统计是一个琐碎却又有趣的过程。如同幼童的笔体中有笔画、部件错误,也有结构异位,错写成形近、音近字等。虽然目前只完成了三分之一的简单统计,但通过翻阅这些材料,分析偏误成因与类型,似乎能够隐约感受到一点留学生在汉字学习中的思路。对比先前如何选择汉字教学法的研究,对此问题有了一些实质性的认知。学生对结构认知的混乱、只是按形状"画"出一个字等问题都能够从一份薄薄的卷子中显示出来。

母语识字与第二语言学习中的汉字学习一直是无法分开、相互联系的问题,看着留学生的字迹很容易就会联想到小学生们的书写与学习,但是需要考虑的是,二语学习者不具备母语者这样的汉字环境,本身已经形成了本族文字的书写体系,尤其是对拼音文字国家的学生来说,他们最初书写汉字时也许就像我们看着楔形文字或阿拉伯文一样无处下笔吧?

 **教师指导:**

> 第二语言学习者在习得过程中必然会产生偏误,因此偏误分析(error analysis)成为第二语言习得研究的重要部分。偏误分析的对象一般要限定在特定母语背景或者汉语水平上。比如《韩国学生汉语语法偏误分析》(肖奚强,2000)、《泰国学生汉字书写偏误分析》(陈琴、刘婧、朱丽,2009)、《高级汉语水平韩国学习者习得动结构式偏误分析及实证研究》(车慧,2018)。偏误分析可以进一步与习得顺序、课堂教学结合起来进行研究。比如《留学生语篇中 NP 省略习得顺序与偏误》(田然,2005)、《汉语二语学习者重动句偏误分析及其教学策略》(谢福,2015)、《意大利汉语学习者"会"与"能"偏误分析及教学策略》(邹雅艳,2017)。在进行偏误分析时,要找到足够的用例,如果只是某几类或者是某一类别只有几个例子是不能说明问题的。另外,还要特别注意区分清楚偏误与错误,对偏误类别以及偏误原因的分析也要具有较强的说服力。

四、分类

> **困惑 1——用什么标准分类?**

我们这个星期在利用语料库研究汉语里的一对结构,我们发现目前这个阶段我们能做的任务只能是对大量的语料进行描写和分类,之后的研究完全进入了瓶颈,不知道该怎么往下进行。出现这样的问题是不是因为对前人文献阅读得还不够多?前人没有一个统一的标准,我们该用前人的分类标准吗?我们自己想出的标准不具有足够的解释力,我们可以用自己的方法进行分类吗?

> ➤ **困惑 2——要分出多少类来?**

关于如何写一个分类的段落,我的问题是当我对错综复杂的现象进行逐个分析之后,是不是分的类越少越好?在归纳的过程中,归类要细化到什么程度?总结到什么程度?就像我们在课堂上遇到的情况,可能有的时候我们会为了分类而分类,为了将出现的所有情况归到所规定的类别中,有时候会感到略微牵强。

> ➤ **困惑 3——如何给分出的类别命名?**

在写关联词偏误分类段落的过程中,我尝试从多个方面来分类,在给每种偏误类型起名字的时候,我思考了很多,最后决定从"关联词错序""关联词遗漏""关联词搭配不当"这三个方面来分类。我意识到"关联词搭配不当"这个名称比较大,甚至包括了前面的两个分类。我本来想用"关联词错搭"这个名称,但我觉得这是个生造词,有点拗口。我也想尝试"关联词误用",但这个也不是很理想。于是我还是选择了"关联词搭配不当"这个名称。我决定在界定"关联词搭配不当"时缩小它的指代范围:"关联词搭配不当指关联词的组合配对不正确,误用了其他的关联词。"老师指正时,我意识到这样是不严谨的,应该采用更准确的名称,让人一眼看出区别。

 **教师指导:**

> 任何方向的研究都离不开分类。陆俭明(2019:33)①指出:"我们要研究、认识事物,必须对所研究的事物进行分类。没有分类就没有科学。"分类既是一种研究方法,也是研究结果的呈现方式。类分出来了,规律也就概括出来了。

---

① 陆俭明,2019,《现代汉语语法研究教程》(第五版),北京大学出版社。

第二章 论文的写作过程

给事物分类有两种方法：一种是自上而下式，即在给材料分类前，先有一个分类标准做指导，把事物分别归入各个类别，就好像把东西放入已经贴好标签的抽屉；另一种是自下而上式，即在给材料分类前，并没有一个分类标准，而是根据事物的特点先分小类，再根据小类的特点把小类归入大类，就好像把不同东西放入抽屉再给抽屉贴标签。

至于按照什么标准分类，没有标准答案，要看内容与读者。比如同样是介绍北京大学，如果是给新入职的教师介绍，可以把规章制度作为主要内容，再分为教学制度、人事制度、财务制度、晋升制度等；但如果是给一年级新生做介绍，则以生活、学习为主要内容，可以再细分为介绍教室、体育馆、图书馆、食堂等。再比如词类的划分，不同语言就有不同的标准，汉语依据的是词的语法功能，而印欧语依据的是形态。

至于分出多少类别，也没有固定答案，要看事实是什么样子的，也要看你是求同还是求异。但总的原则是要阅读友好，不能把类分得太烦琐而导致分类失去意义，也不能分得过于粗糙而使得有趣的发现被掩盖。无论怎样分类，都可能分不干净，总有些研究对象归入哪一类都行或者归入哪一类都不太合理。遇到这样的情况没有关系，将之归入某一类别并实事求是地说明就可以。

在给分出的类别命名时要反复斟酌，尽量不要有争议或者含义模糊。上述日志中提出"困惑3"的同学写的分类段落是这样的：

关联词偏误可以分为三种类型，分别是关联词错序、关联词遗漏和关联词搭配不当。关联词错序是指关联词在句中的位置不当，特别是关联词同主语的先后次序颠倒，例如："别人都到了，却主席没来"，"却"应放在"主席"的后面；"不但我去过那儿，而且还去过三次""我不但去过那儿，他也去过"，"不但"和"我"的位置

> 应对调；"只有王老师同意,才我能去","才"应放在"我"的后面。
> 关联词遗漏是指漏用必要的关联词,例如:"不管他是谁,不应该骂人"漏用了"都";"除非临时有事,他一定会按时来的"漏用了"否则";"你要是不愿意去,我不给你买火车票了"漏用了"就";"她虽然很胖,身体不太好"漏用了"但是";"只有在最需要的时候,你可以用这笔钱"漏用了"才"。关联词搭配不当指关联词的组合配对不正确,误用了其他的关联词,例如:"即使下雨,可是不会太大"中,"即使"应和"也"搭配,而不是"可是";"既然天气不好,所以不去爬山了""你要是早来一会儿,又能看到他了","既然"和"要是"应和"就"搭配。
>
> 该段落的分类总体上是不错的,但是在举例的时候,关联词遗漏这一类举的例子也是关联词搭配的问题,这样就不够严谨。如果分类名称里不用"搭配"这个词,分为"关联词语的错序、遗漏和误用",反而更清晰。

五、访谈与问卷

> ➤ 困惑1——什么时候用访谈、问卷的研究方法?

现在用语料库来做本体研究的好像有很多,虽然也有一些研究倾向于访谈、问卷,但是如何才能确定访谈的语料具有代表性呢?或者说,什么时候我们要用语料库,什么时候要用访谈呢?

> ➤ 困惑2——设计问卷是不是很难?

今天我看了一下午的论文,《影响泰国小学生学习兴趣的教学因素研究》这一篇论文启发了我,让我突然想到学生学习汉语的兴趣大部分是来自教课的汉语老师,因此我想到的一个毕业论文的题目就是:本土教师与中国教师对泰国初高中学生汉语学习兴趣以及学习效果的影响。在 CNKI 上也找不到这个题目,我心里有点小小的激动。

我立马给导师发微信去找导师,导师说:"题目不错,但不好做。要想证明效果,就需要实验。如果是兴趣的话,倒是可以通过问卷看出来,但光有一个兴趣好像不足以撑起一篇论文,最好再加上学生水平的提高,但这就比较难了。"我觉得本土教师比短期去实习交换的汉语老师更了解学生和风俗习惯,就会更容易引导学生学习汉语的兴趣。导师说:"需要一定的数量,比如:一个班 60 人,最好有两批学生,一批 30 人,是泰国老师教,另外一批也是 30 人,是中国老师教。"我心里想其实这样是很难的,泰国的情况是完全分开的,中国老师负责小学的学生,泰国老师负责初中的学生。

**教师指导:**

> 除了语料库,问卷调查、实验设计、个案分析等方法在应用语言学研究中也经常用到。与语料库统计分析方法比,这几种方法运用起来更复杂一些。问卷调查在实施前一定要保证问卷设计的质量,要弄清楚调查谁,怎样做数据分析。在调查正式实施前要先做一个小规模的预测。实验设计指对一个或者多个自变量进行调控处理,然后测量这些自变量对因变量的影响。实验设计要至少设计两组研究对象,一组是实验组,另一组是对照组。实验完成后,如果两组的因变量存在差异,研究者就可以推断出因果关系。个案分析研究对象较少,为个人或者小团体。这种对单一对象的研究能够进行得深入、细致。个案研究常基于对访谈、观察日记、反思报告等定性数据进行分析(当然也可以基于定量数据或二者相结合)。其中,访谈是非常重要的收集定性数据的方式。访谈是面对面询问,它的优势在于能够观察到当场的情景,了解到采访对象的情感与用意。

以上只是简单的介绍，要想掌握好这些研究方法，需要专门的学习与实践。至于用哪种方法来研究，要看具体研究题目是什么，也要看所具备的研究条件是什么。假设研究题目是汉泰动物成语对比分析，那么可以采用语料库的研究方法，将语料库中的相关成语提取出来，再进行句法、语义等方面的对比。假设想研究泰国大学生掌握汉语动物成语的情况，那么就可以采用问卷调查的形式了解学生掌握了哪些类型的成语，尚未掌握哪些类型的成语。然后对任课教师或学生进行访谈，了解学习成语的难点。如果有条件，可以跟踪某个学生进行个案研究。如果要探讨的是针对泰国大学生进行动物成语教学的方法，则可以采用实验设计的方法，分为对照组与实验组，探索有效的教学方法。我们不能说哪种方法容易或者哪种方法更有效，只能围绕要研究的问题选择解决方法，找到有效度的答案。论文可以采用单一式设计研究，也可以采用混合式设计研究。对于硕士论文来说，常常采用后者。

第二节 论文各个构成部分的写作特点

一篇硕士论文的结构包括：

标题（中英文）

摘要（中英文）

关键词（中英文）

目录

第一章 引言

（研究背景、研究问题、研究方法、研究意义）

第二章 文献综述

第三章 主体（按照论述内容分为几个章节）

……

第×章　结论/结语/结语与余论

参考文献

附录

致谢

而期刊论文因受字数限制,一般没有专门的文献综述部分,文献综述融入引言中。

一、题目与标题的拟定

> **困惑 1——什么时候定题目？怎么拟题目？**

(1)关于论文的题目,在我写本科毕业论文的时候发现,在论文写作之初我想出了一个题目,但是写到最后发现内容完全跟题目沾不上边,所以又要反复修改题目。还有一个问题,就是有的时候我的题目会限制我的思路和思维方式。但是如果刚开始没有一个题目,我的思路又会太发散。所以,我们到底应该在论文写作之前就有一个大概的题目,还是在写作的过程中逐渐形成自己的题目？

(2)论文的题目怎么拟定呢？题目要多长？要包括哪些信息？

> **困惑 2——标题(目录)怎么拟定？**

除了文章题目,文章的目录怎么拟定？怎样才能让人一看目录就觉得文章逻辑性很强？

> **对策——比例相当,突出重点**

在目录方面,很多论文的目录头重脚轻,看起来没有美感;有的论文目录没有突出重点,把细节也写进目录,比如具体的研究方法等。我觉得,第一,目录应该保证每一个章节的比例大体相当,如果有一节篇幅过长,下面设立太多小标题,就会让整体比例失衡。我的想法是,在写论文时要有意识地控制每一部分的数量,如果需要划分的小节太多,是否可以将有紧密联系的部分放在一个小节里合并呢?第二,目录一定要突出研究重点和亮点,因为读者在阅读摘要后,会通过目录来检索自己需要的信息。如果把细节信息放进去,比如把"访谈法"这种研究方法放进目录,就会冲淡重点。

教师指导:

  我们常说论文的第一步是选题,就是要根据自己的兴趣或者发现的问题决定做哪个方面的论文,然后再查阅相关文献,请教老师,确定具体的题目。但是从发现可做的东西到题目的最终确定还有一段距离。因为开始想做的题目可能太大或者太小,亦或可操作性太差,根本无法进行下去,写作过程中也常常会有新想法、新发现,这样就会和最初的想法有差别,很可能会回过头来修改题目,这都是正常的。

  题目一定要概括性强,明确反映文章主旨,使读者在最短的时间内获得最重要的信息。一个好的题目可以吸引读者,促使读者阅读,便于读者检索。完整的题目实际上是研究内容、研究方法、研究对象的体现。比如《华裔学生汉字书写特征的个案研究——基于与非汉字圈学生的比较》(单韵鸣、安然)这个题目,研究内容是"汉字书写特征",研究方法是"个案研究"与"比较",研究对象是"华裔学生"。在开始动笔前,最好这三个方面你都是清楚的。

  在确定题目的过程中,最常见的问题就是题目过大。比如《对外汉语文化教材比较研究》《日韩留学生汉语语气词习得研究》《留学生语音学习策略研究》,这样的题目都过大,涉及的方面太多,不好把握,不容易做深入,应该在研究内容、研究对象方面对题目加以限制,缩小范围。选择具体一些的题目,深入挖掘是更好的选择。像《中高级阶段韩国留学生口语语篇衔接研究》(殷维真)、《助动词"会"汉韩语对比以及偏误分析》(高佑京)、《基于课堂观察的汉语中级口语课中师生话语协商的实证研究》(王晓玉)这样的题目就很好。

题目应该是一个短语,表达要明确、通顺,突出新意。语言上,名词性短语占大部分,"……的……"较为常见。也有动词性短语,"论……"较为常见。常见的题目的拟定方法有以下几种:

a. 以"研究内容"为题,即回答了"研究什么问题"。比如:《反问格式"X什么X"的立场表达功能考察》(朱军)、《条件标记的语体差异及其功能解释》(姚双云)、《汉语教学用话题库及话题分类影视资源库构建》(刘华、方沁)、《试论"对于"句的语法意义》(李秉震)。

b. 以"研究对象+研究内容"为题,即回答了"研究谁的什么问题"。比如:《医学留学生汉语学习工具型动机强度的可控性研究》(李静)、《日本留学生汉语声调的范畴化知觉》(张林军)。

c. 以"研究方法+研究内容"为题,即回答了"用什么方法研究什么问题"。比如:《基于语料库的关联词搭配研究》(张文贤、邱立坤)、《英汉事件名化短语认知语义对比分析》(曲英梅、杨忠)。

d. 以"研究方法+研究对象+研究内容"为题,即回答了"用什么方法研究谁的什么问题"。比如:《"是"字句习得的个案研究——基于对韩国留学生汉语习得的追踪调查》(朱文文)、《初级阶段非汉字圈留学生汉字学习策略的个案研究》(马明艳)。

论文题目可长可短,短的如《"一旦"与"万一"》(5个字,张雪平),长的如《跨语言语音相似度与日本学习者对汉语/ts/、/tʂ/、/tɕ/

三组辅音的感知和产出研究》(32字,邓丹)。最常见的为10～20字,太短或者太长的标题编辑起来都不好看。

如果需要,可以给论文加上一个副标题。副标题是对主标题的补充说明。副标题的作用应该是更好地揭示文章的本质。副标题常常含有"以……为例""基于……的研究""谈……问题""兼论……的问题""从……说起"等。比如:《怎样对比才有说服力——以英汉名动对比为例》(沈家煊)、《汉语词义和词汇系统的历史演变初探——以"投"为例》(蒋绍愚)、《初级留学生问句输出研究——基于建构主义理论指导的课堂对话语料研究》(孙雁雁)、《关于"太"字结构的教学与研究——谈对外汉语语法教学三个平面的结合问题》(卢福波)、《初级汉语教学的有效途径——"先语后文"辩证》(赵金铭)。

在拟定表现文章框架的大小标题时,要充分考虑文章的逻辑,表现出文章是如何层层推进论证的。下一级标题从属于上一级标题。大标题表达的内容要能涵盖小标题,也就是说,大标题要概括一些,小标题要具体一些。同级标题之间是平行关系。一般来说,到三级或者四级标题就可以了。每一级标题至少包括两个,一般不超过五个。各级标题的语言结构要大体一致,字数相当。

二、摘要与关键词

> **困惑1——摘要包括什么内容?**

在写摘要的过程中是不是可以舍弃其中我们认为不够创新的地方,着重写我们认为文章足够创新的部分?还是要保持摘要的完整性,必须要包括论文的全部内容?

> **困惑 2——完成论文之前写摘要和关键词还是完成论文之后再写?**

摘要跟关键词的产生是在写论文前还是在写完论文之后呢?依照以往的习惯,我都会先拟一个大草稿,其中包含了整个论文的框架和所有我想要讲的东西,再写摘要和关键词,接着将框架内部的东西填实后,再回去修改摘要跟关键词。这样会发生一个情况,就是我的摘要跟关键词会不断地修改,可能现在写到哪里,发现摘要跟关键词有短缺,便补上一点,或是发现哪里不想讲了,就把摘要跟关键词删掉一点。我好奇的是大家写摘要跟关键词都是如此呢,还是把整份论文全部写完之后才来写摘要跟关键词呢?哪一个方法比较好呢?

> **困惑 3——关键词怎么选取?**

(1)关于关键词的部分,如果说关键词的作用是能够让阅读的人更好地发现自己的文章,那么在写关键词的时候是不是可以出现文章中没有出现但具有较高概括性的关键词呢?

(2)我发现在关键词方面有一些疑问,比如这篇论文有六个关键词,分别是语篇回指、表现分析、韩国留学生、母语迁移、教材、教师,我就想关键词是否应控制在一定数量内? 如果是我的话,我可能会把教材和教师这两个关键词去掉,因为我认为关键词能突出研究问题和对象以及方法即可。但是我看了两篇文献,第一篇《汉语文化词与文化点在中级教材、教学中的考察》(葛锴桢,2016)把研究方法(访谈、问卷调查)标记为关键词,另外一篇《对外汉语教学中级阶段语言点确定与编排的再思考——以五套中级阶段综合课教材为例》(强星娜,2017)则没有把研究方法标记为关键词,甚至"教材"也不是关键词。所以我在关键词选取方面有疑问,是突出研究问题、对象以及方法,还是随心所欲即可?

教师指导：

摘要是对全文内容的概括，是整篇论文的浓缩，包括研究背景、研究方法、研究的主要内容、研究结果、建议几个部分，其中研究背景与建议可以不说或者简单带过，重点是研究方法、研究的主要内容以及研究结果这三个部分。论文的创新点在摘要中一定要突出出来。摘要常用的句式有：(1)本文对……进行了分析与探讨；(2)本文对……进行了调查；(3)本文考察了……；(4)本文探讨了……；(5)本文运用/采用……方法，深入分析了……；(6)通过……(方法)对……(问题)进行了研究；(7)本文从……角度出发，对……做了思考；(8)结果显示……；(9)结果表明……；(10)调查显示……；(11)研究发现……。

论文摘要可以在完成论文之后再写，以免反复修改。期刊论文摘要一般为200~400字，会议论文摘要为500~800字，硕士毕业论文摘要为800~1500字。摘要可以方便读者了解全文内容，当时间有限时，读者会首先阅读摘要，依据摘要来决定要不要继续读全文。摘要与引言不同，引言只是提出问题，而摘要反映的是论文的整体面貌。切记不要把论文引言的第一段作为摘要，也要注意不要把摘要写得与结论一样或者太空洞。

关键词一般为3~8个，关键词之间用分号(;)或者空格隔开。关键词的提取不能随心所欲，要体现出论文的主要内容，更要考虑读者检索的方便。关键词一般从文章题目、摘要、各级标题或正文中的高频词以及重要的术语中选取，慎用文章中没有出现的词语。选取关键词时既要避免所有关键词的意义都特别狭窄，也要避免使用"成果""问题""展望""综述""研究内容""思考"这样没什么实际内容的词。

第二章 论文的写作过程

三、引言

> **困惑 1——引言是必须要有的吗?**

我觉得论文中的引言部分非常有趣,但好像不是每一篇论文都有引言。阅读或是研究论文是一件挺累人的事情,我觉得引言可以起到一个友善的功能,面对繁杂的论文,引言相对较为轻松,有时候也可以用作者有趣的经验或是相关的学术事件来跟读者阐述接下来要讲的事情。就我个人而言,我觉得有引言的论文更引人入胜,而且有引言的论文感觉比较"高大上"。我比较好奇的是引言是论文必需的吗?还是画龙点睛的那神来一笔?还是它的存在可有可无,但有总比没有好呢?

> **困惑 2——引言(缘起)与文献综述的区别是什么?**

上个学期,我的每篇课程期末论文都有"缘起(引言)"这一章节,较为系统地介绍了论文选题的原因、现有相关研究成果及其不足、本论文研究方向及其创新性三个方面。那么,"缘起"和文献综述有什么共通的地方吗?它们的区别又在哪里呢?

> **困惑 3——引言应该多长?**

我看了发表的一些文章,它们的引言都很短,跟我原来文章中引言的长度可能差不多,甚至有的文章没有引言。我不知道这么短的几千字的文章有没有必要让引言占的比例这么大,但是如果写得太少又不能说完几大方面的内容,所以是不是可以精简一些呢?但是可以精简的是哪些方面呢?

教师指导:

> 人文社科包括很多专业,有些专业的论文的确不需要引言,但对于语言学及应用语言学、汉语国际教育专业来说,引言是必

须要有的。引言是论文的第一部分,主要提供研究背景,阐明要研究的问题。简单地说,就是告诉读者你要做什么研究,为什么要做这个研究,这个研究与前人的研究有什么区别,打算怎么样去研究。

引言与文献综述不同。文献综述是对前人的相关研究进行综合与评述,提出本文的研究基础。如果是一篇期刊论文,受篇幅的限制,文献综述会写在引言里,那么"引言=问题的提出+文献综述+论题+研究目的与意义+论文结构"。如果是学位论文,文献综述内容非常多,需要单独列为一章。这样,第一章为引言,包括"问题的提出+前人研究未解决的方面+论题+研究目的与意义+论文结构",第二章为文献综述,对相关文献进行梳理、评述。

引言的长度没有固定的要求,根据研究内容而定,可长可短。如果一定要给出一个引言的字数来,期刊论文的引言大约在400~1000字,硕士毕业论文的引言在2000~5000字。一般来说,引言中问题是怎么提出来的这部分要比较详细地进行说明,以便读者了解选题的缘由,而论题、研究目的与意义、论文结构这样的内容可以简要说明,甚至一两句话就够。

引言虽然是论文的第一部分,但在写完初稿后并不着急修改,因为在研究的过程中,论题可能会发生变化,如果随时修改引言就要修改很多次。可以在论文全部完成后再来修改引言,但需要注意的是,不能把最后的研究结论放到引言中。引言着重谈问题是怎么提出来的,以吸引读者继续读下去,而不是告诉读者已经解决了这个问题。

四、结果与讨论

> 困惑——结果与讨论部分有什么不同？

在课堂中，我们分析了实证研究文章的整体框架结构。对于实证研究文章，结果和讨论部分到底是不是一样的？如果不一样的话，结果部分到底该呈现什么样的内容？讨论部分又应该写什么样的内容呢？到底应该如何结合实验结果进行讨论？

 **教师指导：**

> 对于实证类的文章，结果与讨论是必不可少的部分。结果指的是呈现围绕研究问题所得出的数据结果，而讨论指的是在研究结果的基础上进行分析，阐明对研究问题的理解，探讨结果产生的可能原因以及发现的规律、意义等。结果与讨论可以分开写，也可以一边报告研究结果一边讨论。分开写的好处是结构比较清楚，对结果特别是数据多的结果先进行简要描写，然后再详细分析讨论，能够突出重点；缺点是在这两部分叙述时有可能会有一些重复。一边报告结果一边讨论可以使叙述简洁，而且使读者更容易跟上作者的分析。最见作者研究功底的地方就是讨论部分，这部分的写作建立在大量阅读与深入思考的基础之上，写作时要引用前人文献，做出有说服力的解释。

五、结语

> 困惑——结语怎么写？结语与摘要有什么不同？

有两个疑问。一是关于结语写法的问题。总感觉自己的结语和摘要没什么区别，对结语和摘要的作用有什么不同不太理解。二是有关引用的问题。老师上节课说了再小的引用也要标出来源，但是在结语部分的某些观点是总结、参考前人研究得来的，不知道算不算引用，也不知道结语这种地方能不能有引用。例如我的结语中有一句话："'机''器''仪''计'不具备典型的类词缀所具有的'语义类化/泛化'这一性质；但'动词性成分＋机/器'是一种非常能产的词法模式，'动词性成分＋仪'也有成为能产的词法模式的潜在可能。"其中"'动词性成分＋机/器'是一种非常能产的词法模式"这句话是董秀芳老师的观点，我在前文论述时标注了引用，但是在结语处有自己的整合和总结，不知道这种情况下是否要标注引用。

教师指导：

> 　　文章的最后一部分是结语或余论。结语重申文章的主要研究内容和得出的研究结论。余论说明本文研究的不足之处和尚待解决的问题，做出预测，提出建议或后续研究。结语与摘要相同的地方在于都会对研究结论进行说明；与摘要不同的是，结语或余论不是全文的概览，而是最后对主体章节所得出结论的概括、再次思考以及对未来的展望。如果在论述思考时需要引述权威的观点，这时也是可以出现引用的，而不能因为前文引用过了，结语部分就可以不加引号地使用。
>
> 　　结语与引言部分要呼应。读者可能只通过阅读引言与结语来了解文章的大概内容。所以，文章的主要内容在摘要、论文主体、结语中都会出现，但这三者不是完全的重复，而是展现了论文的逻辑关系。

第二章 论文的写作过程

第三节 论文的语言

一、论文语言的特点

> **困惑——论文语言与日常语言的区别是什么？**

(1)学术性的表述与我们日常写作的界限究竟在哪里？难道仅仅是是否使用了恰当的学术词语吗？有没有可能在正确使用了相关学术词语的前提下，论文仍然达不到所谓的"学术性"的要求呢？如果答案是肯定的，那我们究竟该怎么做呢？

(2)在写词语辨析作业的时候，我仔细检查了我写的每一句话，但收到作业反馈的时候还是发现了不少问题。我自己在写作和检查的时候都没有察觉到我采用了很多主观性的语言，当老师提出这个问题的时候我才意识到自己在写作时的想当然，这也让我注意到不同视角的重要性。我想有必要在完成写作后多找几个人读一读，因为每个人的视角不一样，关注点不一样，这样有利于发现问题，及时更正，更好地完善写作。

> **对策——注意严谨性**

我感受到了论文和其他文体的不同，论文的严谨性是一定要注意的，这是一个不断训练不断强化的过程，我们大家应该把论文写作的严谨性落实到每一个段落，每一句话，每一个容易引起误解的词语，甚至每一个标点符号。比如语料库研究的论文要突出数据，"大多数""少量"这种表述就不应该出现，应该用具体的数据或比例表述。

**教师指导：**

说到写作，我们可能首先想到的是说明文、记叙文、议论文、应用文这传统的四大类别。而学术论文与上述四种类型都不同，它不是为了说明日常的事物或事理，不是为了记人记事或抒情，不是就某一现象发表议论，更不是为了完成某一交际目的而进行的公文写作。学术论文属于正式的书面语体，它最突出的语言特点就是客观性、抽象性、说服性、明确性、严谨性。

下面三段话中，第一段话是议论文，第二段话是说明文，第三段话是学术论文。

(1) 中国有句老话，叫作"宁做鸡头，不做凤尾"，意思是说宁可在一个低层次的圈子里做一个领军人物，也不愿意在高级别的单位跟在别人后面做一个没有出头之日的小人物。"鸡头"和"凤尾"只不过是一种形象的比喻。

在一份对大学生的调查中，愿意大学毕业后走上社会做"鸡头"的比愿做"凤尾"的高出几个百分点。为什么有那么多的人愿意做"鸡头"呢？我认为有以下原因……①

(2) 故宫四周环绕高约10米的城墙和宽约52米的护城河。城墙四周各设城门一座，南面午门，是故宫的正门，北面神武门，东面东华门，西面西华门。城墙四角各矗立着一座精巧别致的角楼。这些角楼是故宫的景点之一，其非对称的建筑结构极具特点，从不同的角度观看，外貌不尽相同，其中九梁、十八柱、七十二条脊是吸引游客的一大景观之一，据说工匠的设计灵感来自蝈蝈笼子。②

---

① 金舒年、刘德联、张文贤，2017，《留学生中高级汉语写作教程》(下册)，北京大学出版社。
② 同上。

第二章　论文的写作过程

(3)无论是第一语言还是第二语言,人们学习词语的途径主要有两种:专门的词语教学和阅读中的伴随性习得。本文在实验的基础上,研究学习汉语的日本学习者是否能通过阅读习得词语。

结果显示,阅读能使学生学会一些本来不知道的词语。文章探讨了通过阅读学习词语的过程,同时还分析了影响这种学习的因素,包括学习者的语言水平、词汇量、词语出现的次数及词语所处语境的特点等。①

我们可以发现,在学术论文中,语言客观、平实,不使用像"我""觉得""愿意"等这样表达主观视角的词语,也不使用祈使句、问句这样互动性强的句式。学术论文的语言不是一下子就能掌握的,要想写好论文,必须得多读多写。

二、直接引用与间接引用

> **困惑 1——什么时候直接引用?**

什么样的观点适合直接引用呢?是看作者的观点是否能充分表达自己的想法吗?有时会出现难以取舍的情况,觉得别人的几种观点都可以,意思都大致一样,只是具体话语有区别。那么我该选择哪一个?是著名学者的观点,还是源头观点?

> **困惑 2——什么时候需要引用?**

(1)这周收到了老师对上周定义段落作业的批改,提到如果定义是引用他人的,要标注出来。这让我对引用规范产生了疑惑:多大程

---

① 钱旭菁,2003,《汉语阅读中的伴随性词汇学习研究》,《北京大学学报(哲学社会科学版)》第 4 期。

度的重复或引用需要标注出处？如果是间接引用呢？参考了某人的文章，用自己的语言转述其观点，这一般情况下也是进行标注；那如果是参考了多个人的文章，将所有观点进行综合和概括呢？

（2）我在参考多个定义后，将它概括为"词汇附带习得指的是学习者在进行不以词汇为直接目的语言活动时，增加词汇知识的认知活动"。首先明确，"词汇附带习得"这一概念内涵的想法不属于我，我是在多个定义的基础上总结得来的，但这个定义中的用语、概念的特征是自己斟酌而来的。我也认为自己做到了一定的提炼综合，而非简单复述重组。那这种情况需要标明出处吗？如果需要，该如何标注？所有参考过的文章都标注吗？

 **教师指导：**

> 研究是在前人的基础上进行的，因此一旦涉及别人的成果就要标注引用出处。如果不标出处，就是抄袭，属于学术不规范，是非常严重的问题。引用分直接引用与间接引用。直接引用说明这段引文很重要，要用双引号把引文引起来，并在引用完之后说明为什么引用这段文字。一般来说，源头的观点，有关键结论的，与本文相关性最高的，最想讨论的，想给读者留下深刻印象的内容，都可以直接引用。间接引用是作者对前人研究内容的重述。如果前人相关的观点比较多，就要把相关学者的研究综合起来或者并列起来。如果是在前人观点的基础上提出自己的观点，这时候要明确区分什么是别人的，什么是自己的。先说别人的观点，再说自己的观点，并说明自己的观点与别人的异同。凡是参考过的，与本文有关的内容都要引用。
>
> 在下面几段话中，第一段使用了直接引用的形式，是因为吕叔湘先生的观点非常重要，之后的研究都是在此基础上进行的。

因为引用的是专著,所以在年份后面加上冒号,再加上页码。第二段都是间接引用,刘松江(1993)、胡孝斌(1999)、胡德明(2010)的观点有差异,所以作者重述了这几位学者的观点,并突出观点的不同之处。而在反问句在会话中的语用功能方面,刘娅琼、陶红印(2011)、邵敬敏(2014:224—225)有相同的观点,就将它们并列起来说。第三段是在前人研究的基础上明确自己的研究对象,从引用前人对搭配的定义,到前人对关联词搭配的定义,再到本文对关联词搭配的定义。

(1)反问句一直是汉语语言学研究的热点问题之一,研究成果很丰富。相关研究的焦点主要集中在:反问句的否定功能、反问句是有疑还是无疑的、反问句在语境中的话语功能等。吕叔湘(1990:290)早就指出反诘与询问作用不同,"反诘实在是否定的方式:反诘句里没有否定词,这句话的用意就在否定;反诘句里有否定词,这句话的用意就在肯定"。后来很多学者在此基础上进行了研究。①

(2)不管是表达否定、"无疑"还是"有疑",使用反问句都与问话人的主观情感有关,语境与说话人的感情是学者们重点考虑的内容。刘松江(1993)认为使用反问句是说话人对自己感情的宣泄。胡孝斌(1999)指出除了形式和语义的制约因素外,认知因素也可以限定反问句的性质。胡德明(2010)提出反问句的否定语义来源于语境条件,来自说话人主观上的否定态度。具体到反问句在会话中的语用功能,刘娅琼、陶红印(2011),邵敬敏(2014:224—225)等结合具体语境,都认为反问句有反驳等功能。②

---

① 张文贤、乐耀,2018,《汉语反问句在会话交际中的信息调节功能分析》,《语言科学》第2期。
② 同上。

> (3) 搭配(collocation)指的是经常共同出现的成分,属于词汇衔接,比如 smoke 与 pipe 之间有很强的搭配关系(Halliday,1994)。目前,汉语界的搭配研究大多集中在实词的搭配上,如李葆嘉(2003)、齐春红(2005)等人的研究。对于关联词的搭配,仅见到针对某一格式的分析(梅立崇,1995;刘颂浩,1996;王弘宇,1996;戴悉心,2001),尚未见到系统的研究。与前人不同的是,本文所研究的是逻辑关联词内部的搭配关系,也就是在同一个句子中关联词的同现关系。①

第四节　论文的修改

> ➢ **困惑 1——改完以后会不会变啰唆?**

我觉得改完之后的文章好像有点啰唆。或者只是对我来说有点啰唆,也许对读者来说更清晰了?比如说段落的开头要强调,段落的结尾也要强调,段落中间还要切题,段落与段落之间还要有连接手段,还真是要环环相扣呢。突然觉得一篇文章如果不能做到这些方面,其实也很难说它是一篇好文章,但是即便做到了,也不能说明它就是好文章了,也许只是更进一步了吧。就像我们改之前和改之后的论文对比一样。

> ➢ **困惑 2——修改要反复进行吗?**

改到最后觉得自己以前写的文章哪里都不是,真是要全面否定自己的节奏啊,最后我的文章被我改得面目全非。难道自己以前写的文章就那么不堪吗?我又开始怀疑自己是不是改得不对,再看文章又把

---

① 张文贤、邱立坤,2007,《基于语料库的关联词搭配研究》,《世界汉语教学》第 4 期。

之前改的一些地方改了回来，改回来之后还是觉得不对，又改，真真切切的是在反反复复啊。我终于也算体会到好文章形成之艰难，虽然我只是改了一下自己以前的不像样的文章。不过我还是很怀疑自己改了之后的文章是否真的比没有改之前更好？

> **对策1——改后才知道以前不好**

（1）今天还是把之前写的那篇文章大改了一通，查了更多的资料，又把文章中的各个大类重新划分之后，自己觉得好像写得比以前好了，虽然没有写完。我觉得现在这篇文献综述之所以变好了有以下几个原因：一是我知道它是不好的，所以我要改；二是我又查阅了更多的各种各样的文献和书籍；三是仔细对以往的研究进行分类。

（2）要写好一篇论文，并不是有深入的研究和广泛的阅读就足够了，它与其他语篇一样，有着自身独特的形式与规则，需要我们在不断的学习与训练中逐渐掌握。虽然刘勰在《文心雕龙》中用"暨乎篇成，半折心始"来描述言不尽意的痛苦，但是我在用论文写作课上老师讲授过的知识修改自己之前写过的论文之后，还是发现会有很大的改善。

（3）在修改的过程中发现，我在文章的措辞、段落的结构这两个方面出现的问题比较多。对照老师上课讲的一些常用格式，我可以很快发现自己的问题并做出相应的修改。在做文献综述的时候，我之前还是会有一些堆砌材料的痕迹，上课经过老师的讲解，我发现时刻记住自己的主题和论点，就可以很好地避免堆砌材料的情况发生。

修改的过程中我发现，被打磨的不仅仅是自己的论文，自己的思路更是在这一过程中逐渐清晰，逻辑能力也得到了提升，这对我以后的论文写作也会有非常好的影响。当这种写作习惯逐渐养成之后，我相信论文的写作也可以越来越顺利。

> **对策 2——尽早掌握编辑技巧**

修改格式实在是一件非常麻烦的事情,因为不仅有很多细节的要求,而且还涉及一些技术性的问题。细节要求如一级标题的行间距、目录的行间距、正文的字号大小、引文的格式等;技术性的问题如编辑页码以及目录。前面细节的问题尽管麻烦,但用点时间还是比较容易完成的。而编辑页码和可以跳转至正文内容的目录我只能求助于"万能"的百度。虽然这些步骤在本科毕业论文中也做过,但是时隔一年,还是让人感到很棘手。这也让我下定决心要在闲时好好学习 word 文档的编辑技巧,以备将来之用。

> **对策 3——英文摘要也不能忽视**

一篇完整的论文少不了英文摘要,虽然只是将我写好的中文摘要翻译成英文,但涉及很多专业术语以及高度凝练的句子,翻译工作也进行得非常不容易。我几乎是花了一个下午的时间才完成了英文摘要的写作。写完之后还将中英文摘要一起发给了在美国留学的朋友,让他帮我修改。

> **对策 4——边修改边反思**

(1)修改的过程也是一个反思和学习的过程。在修改论文之前,我把本学期论文写作的第二讲至第十讲的讲义内容重新梳理了一遍,对照每讲内容仔细检查了我写的这篇论文还存在哪些问题。首先看了论文题目,之前的论文题目还比较符合论文写作要求,采用了"研究内容+研究方法"的形式命名,因此没有做任何改动。接下来,审查摘要部分,原论文摘要部分非常简单,这次修改添加了研究背景、研究结论及建议。关键词部分按照论文写作要求修改为五个词,但是还不敢确定这几个关键词的选择是否得当。引言部分我反复研究了讲义中讲到的几种引言类型,但是我这篇论文好像都无法套用,因此还是按照原来的方式写的,没有做整体框架上的修改,只是在重读的过程中发现有些引用的作品当时忘了标注作者,给添加上,错字给改正了。

接下来是行文主体方面,原文举例标号不符合论文格式,在这里进行了修改,全部改成连续标号,整体结构没有做改动。结论部分按照论文写作课要求进行了很大的改动。原文的结语过于简单,这次添加了上文每一小部分的结论,即采用了先对文章主要内容进行总结重述,然后附加建议的形式。这是在重新阅读该论文时产生的新想法,因为上学期在写这篇论文时只是做了本体的研究,并没有涉及二语教学部分,今天在重读这篇论文时,我想既然我们有了本体研究结果作为重要依托,那么何不将研究结论用于二语教学呢?留学生在使用"无论"和"不论"时容易犯哪些错误呢?这些错误中又有哪些是因为将这两个词混淆而导致的呢?我专门查了 HSK 动态作文语料库,但是偏误十分有限,且几乎没有统计到这两个词的混淆用法,因此若要进一步做这两个词的混淆偏误研究,我想最好的办法是我们自己设计一套问卷,专门设计这两个词的选用,考察留学生的偏误率。参考文献部分,重新按照"中外"和作者姓名首字母音序进行了调整。

之前我是不喜欢改论文的,因为论文写完之后不知道还有哪里需要改动,而自从学习论文写作课之后,有了一定的论文写作理论作指导,深刻体悟到之前的论文还是存在很多问题,而且在修改论文的过程中还会有新的发现,甚至会进一步对一个问题进行研究,是很有意义的。

(2)前几天完成了论文写作的期中作业,由于发现重新写一篇论文实在太耗费时间了,我改写了自己的本科毕业论文。正好,那篇论文是我一直的痛,很想把它好好修改一下。本科的时候我们没有开设过论文写作课,我其实并不太清楚一篇正规的学术论文由哪些部分构成,每个部分之间是怎样的关系。因此,在写毕业论文的时候,我参考了一个跟我研究方法差不多的学姐的毕业论文的架构。学姐的论文写得很成功,而我依葫芦画瓢的结果是整个论文显得有些"混乱",特别是绪论和文献综述部分。上了快一学期的论文写作课以后,我发现自己已经大致了解了论文的每一部分需要包含什么内容,因此很快开始了改写工作。

我认为,一篇论文最重要的就是清楚地让读者知道,作者将要做什么,是怎么做的,结果如何。引言部分解决的是"将要做什么"的问题,而要说清楚这个问题,就要向读者解释一些相关的背景知识,前人做了什么,我们可以做什么。因此,在引言部分我先简要介绍了一下论题、论题的意义、相关的背景知识;随后是前人的研究,以及我们基于前人研究而提出的本研究的问题。"怎么做"的部分其实并不难,因为有一个实证研究的基本框架,只要依葫芦画瓢,把方法说清楚就可以了。关于"结果如何"的部分,首先要将实验得出的基本结果归纳一下,其次可以展开深入讨论。而这一部分其实跟引言有着深层联系,因为本研究就是要解决引言里提到的需要解决的问题,也要用到引言里提到的基本概念。因此,我认为论文初步完成后,需要将引言和结论对照起来进行修改和完善。我自认为改写以后的论文要比原文清楚不少,但愿以后写研究生毕业论文时不用再依葫芦画瓢,而是更加胸有成竹。

(3)在写作过程中还可能会出现文不达意的情况,现在回过头看就发现,出现这种情况的原因或许有两个:其一,文字表述不准确;其二,思维逻辑不清晰。文字表达和思维逻辑的不清晰就会导致文章语言和逻辑含混不清。这也是我在写作中不断回顾上文、推敲语言表述和反复修改文章的原因。

> ➤ **对策 5——留出足够的修改时间**

最近半个月,我一鼓作气,以平均每两天一个部分的速度完成了论文主体部分的写作。敲完最后一个字之后感觉如释重负,同时也有完成了一件作品的成就感和满足感,尽管它还有很多缺陷。论文的写作过程不是一帆风顺的。我所做的是在大量语料基础上的实证研究,要想得出准确可信的结论,就要在语言学理论的指导下对语料做客观的观察和描写,这个过程充满了反复的推敲和删改,尽量避免纯粹主观的描写。

完成论文初稿并不是结束,而是论文写作另一阶段的开始。写作论文花了半个月的时间,而论文的修改要花费的时间可能要比这长得多。

**教师指导:**

> 论文初稿完成后只能说完成了三分之一的工作,另外三分之二要靠修改来实现。曾经听一位同学说过:"我总是在最后一刻交给老师论文,因为我知道我要早交的话,老师一定会让我改。我才不想改呢。"这位同学的做法是非常错误的,风险也是非常大的。正确的做法应该是在提交给老师之前自己就已经修改过多次,提交给老师的时间也要尽早,给老师留充分的指导时间,再留出根据老师的意见改几稿的时间。一篇好的文章一定是经过反复修改才能完成的。
>
> 修改涉及文章的方方面面,从内容到形式,从观点到表达,任何可以改进的地方都要改进。做研究本身不是一蹴而就的,也不是完成"查文献——明确问题——写作"这样一个单循环的过程,而是多次循环的过程,即写作过程中或者初稿完成后可能再查文献,更加明确问题,然后继续写作。修改时,可以作为读者而不是作者身份去阅读,把自己想象成什么都不懂的学生,不停地问自己"为什么",这些"为什么"能否在文章中找到答案。主题句会以不同的形式、在不同的位置(引言、主体、结语)出现。可能作者觉得啰唆,但是读者并没有这种感觉。因此,在论文完成后,可以请别人帮忙阅读一下,提提意见。

第五节　学术规范与好论文

> **困惑 1——怎么避免被认为是抄袭？**

今天老师给了一些学生汉字偏误的材料，要求根据所提供的材料写一个汉字偏误类型的段落。我检索了期刊网上汉字偏误类型的文章，然后与老师所给的材料——对应，进行写作。类别的命名就是检索出来的内容。我以为这样分类更准确。我当时写完作业，还特别自豪——我查了好多资料，写得又多又全面，还加了开头，觉得自己会受表扬，结果老师的批注是：抄袭。

 **教师指导：**

　　论文首先要做到的是不能抄袭。抛开论文质量不说，学术规范一定要遵守。论文写作必须要参考别人的东西，可以借鉴别人的研究方法，但绝对不能不加出处地照搬。有的同学认为，综合了几家的观点，然后用自己的话说出来，就是自己的东西了，不用标注出处了。这样做也是不合规范的。你的论文是在前人研究的基础上做的，就要先说别人是怎么做的、观点是什么，然后说你的观点是什么、与前人观点的异同、怎么论证自己的观点。同学们初写论文时常见的问题是不相信自己，别人没说过的话自己不敢说，以为抄了别人的东西就能提高自己的论文质量，其实发表的东西未必都是对的，要相信自己原创的东西。

　　一般学校毕业论文都会查重，如果重合率达到 10% 就不合格。目前见到的抄袭除了抄袭别人的文章，还有抄袭网站内容的现象。

[案例一:抄袭期刊文章]

部件作为笔画和整字的中介,在汉字的构成方面起着十分重要的承上启下的作用,部件结构掌握得好坏直接影响到对汉字的掌握。外国学生的汉字书写偏误,除了极少数由处于朦胧阶段的初学者所产生的不成系统的增减笔画的失误以外,成系统的汉字偏误大多与部件有关。

汉字偏误的主要类型有如下三类:

(一)部件的改换。部件的改换又可以分为:形近改换、意近改换和类化改换。形近改换是指一些常用意符之间虽然在意义上没有什么联系,但是由于形体相近、相似,学习者在书写中往往换用。比如,(1)冰→沐,屋→屋。意近改换,是由于汉字的意符所表示的只是概括的类义,许多意符所表示的类义往往是相近的,即相同或相近的类义,往往可以用不同的意符来表示。比如,(2)趣→趣。类化改换这类偏误主要是由于上下文的影响而改换某个字的意符或声符。比如,(3)傍晚→滂晚,惊讶→谅讶,环境→坏境,篮球→蓝球。

(二)部件的增损,主要是指在书写过程中增加某个字的意符或减损某个字的意符。增加意符这类偏误,主要是由于上下文的影响而给某个字增加意符,比如,(4)支持→技持,及格→极格,桌椅→棹椅。如果说增加或改换意符主要是受上下文影响,那么在书写过程中减损意符则与上下文关系不大,主要是由知其音难记其形所致。比如,(5)城市→成市,比较→比交,故事→古事。

(三)部件的变形与变位,主要表现为母语迁移变形和部件镜像变位两种情况。母语迁移变形是由母语字体的笔画或字母为原型所产生的类推同化现象,比如,(6)将竹字头用两个k代替,

> 将口写成 o 等。部件镜像变位,是将左右结构的汉字的部件镜像变位。比如,(7)期→朠,欢→奴,和→咊。
>
> 该段落的开头和分类与肖奚强(2002)①完全重合。
>
> [案例二:抄袭网上的内容]
>
> 在一个句子之内,小句之间通常要有连接成分来把它们联系起来,表示小句之间的逻辑—语义关系和相互依赖关系。连接成分表示句子意义之间的联系,这些连接成分在汉语中表现为我们通常见到的连接性词语,通过这类连接性词语,"人们可以了解句子之间的语义联系,甚至可以经前句从逻辑上预见后续句的语义"。汉语中大量的关联词属于连接性词语,它们虽然是虚词,但可以清晰地反映出小句及语段之间的逻辑关系,如因果关系、转折关系、条件关系等。
>
> 该段落的大部分内容都可以直接在网上搜索到。段落中带引号的那个句子也不知道源自何处。
>
> 以上行为都是要坚决杜绝的。

> **困惑 2——什么是优秀论文?**

(1)今天上课老师给我们展示了一个泰国留学生关于汉泰动物成语对比的论文,看到留学生用汉语写出这么一篇细致的研究性论文,我觉得很佩服。但是真正让我有所思考的并不是留学生的中外对比视角,而是判断一篇优秀论文的标准。

我一度觉得一篇题材新颖、夺人眼球、研究方法高端大气、数据处理让文科生眼花缭乱的论文才是好论文。但是今天看到这篇看起来普普通通的汉泰动物成语对比的论文,看到附件里详尽的成语分析,

---

① 肖奚强,2002,《外国学生汉字偏误分析》,《世界汉语教学》第 2 期。

我认识到实用性对一个研究而言也是非常必要的。

（2）我觉得是因为我个人把学术论文写作看得太吓人,又把创新看得太重要。有时有了一些新想法,自己明确知道很难放入正在写的论文框架中,但是又看不上自己正在写的东西,觉得要是不把这些稍稍有点创新的想法放进去,当前写的东西就是照搬前人、毫无价值。其实这还是和阅读、训练不足有关,不明白一篇好的论文究竟至少要包括哪些内容。

（3）如果我提出的是一个全新的概念,完全没有前人的研究做支撑,那么是不是没有人会相信我的观点？其实这是我一直以来的困惑,那第一个说出某个理论的人是怎么让别人信服的？

（4）很多实证研究的论文,还有很多可挖掘的点,但是作者并没有进行深入分析,这是很可惜的。例如,我看到有的文章说明了自己采访了十几个国家的留学生,那这些留学生的学习背景如何呢？他们来华时是什么汉语水平呢？有没有分析价值呢？可不可以将这些信息列出表格放在文章后面,让文章更为充分呢？另外,有些实证研究会分别采访新手教师和熟手教师,但在进行分析统计时,却没有体现出两者的区别,将两者混为一谈,这样不仅研究资料被浪费了,而且研究也缺乏精度与新意。

（5）上星期我在知网阅读了一篇文献,它在开篇介绍了学界公认的相关界定,下一段又给出了自己的相关界定。但我阅读上下文后,发现这两者只是说法不同,并没有本质区别。那么作者给出新的界定的原因在哪儿呢？这种新的界定和广泛认可的定义有什么关系呢？这个定义和原先的定义相比,有哪些新思想、新发展呢？我想这都是应该考虑的问题。另外,在进行变量分析时,有的文献完全按照其他论文的分析方法分析自己的论文,但是两者研究问题不同,很多套用的变量并没有什么分析价值。

**教师指导：**

> 一篇好的论文要有新意，要论证充分。同学们最担心的是自己的论文新意不足。其实，创新没有那么吓人，创新有不同的层面，即使做不到最高层的理论创新，在其他层面有所创新是不难做到的。创新的层面包括：
>
> (1) 为一项已有研究提供了新材料；
>
> (2) 对一个老问题提出了更好的解释；
>
> (3) 用一个新方法解决了老问题；
>
> (4) 提出一套新理论。比如乔姆斯基的《句法结构》是他的博士论文，在理论语言学上有巨大的贡献。

第六节 论文写作的保障——坚持

> **困惑——时常会感到烦躁**

最近赶工似的整理语料，发现这件事其实比自己之前想的还要难做。做的时候《现代汉语》书一直放在手边，而有时做着做着突然发现前面好像做错了。另外，做的时候有时会烦躁起来，心里哀嚎怎么还有这么多，似乎没个尽头。也是在做的过程中越发觉得做研究是真的要投入很多时间和精力的，整理语料只是研究的一个基础而已，整理之后的分析，分析之后的撰写，撰写之后的修改，后面的这些步骤所需的时间和精力更多！

> **对策——认识到研究本身有时很枯燥、很辛苦，需要坚持，有敬畏之心**

(1) 不知不觉已经写了这么多字，回忆自己做过的事情确实是件令人放松且有成就感的事。不知道结果如何,但至少现在的过程是享受的。周四博士生前沿课请来了教育学院的老师做"西方高等教育的支点"的演讲,听得大家很是过瘾。老师是个敢于说真话的人,对我国的高等教育有很多我认为是客观的看法,在此不提了。但有一点印象很深,就是他说德国人认为做研究是一件需要经历很多很多痛苦和磨难,然后才能获得一点成果的事。在此之前,我一直觉得做研究有热情,有灵感,再加上勤奋就可以了。最近才发觉,所谓研究,大多时候是枯燥的,毫无热情和灵感可言,只是抱怨着坚持下去而已——如果这也算是收获的话。

(2)通过读文献和观察实验,我切身体会到了"好好做学术"这一件事对研究者的超高要求。做好一项研究,要付出的心力是巨大的。当然,我们也应该意识到,不能因为这样,就放松对学术论文评判的标准,毕竟学术这个事儿,苦劳不可以作为免受批判的理由,功劳才是。

(3)每次老师在上面讲的时候,我心里都会默默地想:搞科研真的太不容易了,真的到了"吹毛求疵"的程度,任何一个小小的毛病放在论文里面很可能就是一个大问题。对自己太宽容是无法搞好科研的。我应该要学会对自己狠一点,对自己要求高一点。

**教师指导:**

> 做学问、写论文本身就是坐冷板凳,一定要耐得住寂寞。当代社会诱惑很多,同学们的各种机会也很多,使得能够静下心来认认真真写论文成为一件很奢侈的事儿。但一分耕耘一分收获,扎扎实实学习、写作之后的收获只有亲身做了才能体会到。

第七节　论文开题与答辩

➤ 对策1——选好题目,用对方法,端正态度

研究的题目要有价值。要研究的题目,应该是比较新颖的。当然,我们也需要用批判性的思维,反复推敲别人的研究,并找到其中的缺点。我已经定好了毕业论文大体的方向,而一直没有想好具体的题目。其实,到目前为止,已经有很多人对纠正性反馈进行了研究,而一些研究的结论不太可靠。那么,我究竟要用什么样的方法,才能突破他们的局限呢?这是我应该考虑的问题。我认为,研究方法要得当。研究方法就像"扣纽扣",第一个纽扣扣得不对,那么整排都会出错。确定了研究方法之后,我们也要反复考虑自己的研究方法有没有缺陷。此外,我觉得写论文的态度是最重要的。我们要写的是硕士论文,而不是学士论文。我们应该有一种使命感,想尽一切办法,让研究结果变得可靠、有价值,不能草草了之。我想只要不懒惰,论文一般不会出问题。

➤ 对策2——注意规范

(1)今天我去旁听了硕士论文答辩,学到了不少东西。在写论文的时候,我们应该注意规范性的问题,例如错别字、格式和参考文献等。其实,我自己在写作业的时候,也经常犯这类错误。尤其是错别字,我觉得我应该多看几遍自己写的文章,千万不能马虎。列图表的时候,应该考虑好它们的位置,是放在文中还是放在附录。参考文献更是要注意的。我们的论文写完以后要提交到图书馆,所有的人都能看到。我们应该给阅读文献的人提供一目了然的参考文献。

(2)老师向不止一位学长提出某章和某章是否可以调换顺序的问题。老师认为调整后逻辑可能更清晰。参考文献的格式也很重要,有一位学姐的参考文献顺序不合规范。她将刘姓、林姓按照声调排列,

没有按照拼音的第三个字母的顺序排列,这也是我们将来写论文要注意的问题。

> 对策 3——注意细节

作为答辩秘书,在答辩前两天,我紧张又忙碌地帮助师姐准备答辩需要的材料,今天终于坐在教室里,我既忐忑又期待。我所在的教室有五位学长答辩,他们的论文涉及不同母语背景的留学生汉语习得情况和初高级留学生的交际策略。坐在下面听学长展示自己的论文,听老师针对他们的论文提出的问题和建议,我很受触动,也受益良多。

我没有想到老师会问那么细节性的问题。有几位学长的论文中图表、数据的问题被老师一一指出。以我师姐的论文为例,老师问师姐她的论文中"话轮"的定义是什么,出处是哪里。我在听到这个问题时很惊讶,因为在我看来这篇论文研究的主要内容不是话轮而是交际策略,需要明确的定义应该是"交际策略"。而且,话轮的定义难道不是大家都默认的吗?还需要注明出处?回宿舍的路上我一直在思考这个问题,终于明白了老师问这个问题的原因。话轮虽然不是研究的主要对象,但是论文在论证汉语学习者使用交际策略的次数和方式时频繁使用"话轮",如果不能明确作者怎样界定话轮,那么交际策略的相关论述也就不具有足够强的科学性。至于话轮定义的出处就更要明确了。话轮是会话分析理论的概念,最早是 Sacks 等提出的,但并未下具体定义。Edmondson(1981)提出的定义是:1. 会话过程中的某一刻称为说话者的机会;2. 一个人作为讲话者时所说的话。刘虹(2004)认为,"话轮"是在会话过程中说话者在任意时间内连续说出的一番话,其结尾以说话者和听话者的角色互换或各方的沉默为标记。由此看来,话轮的定义并非单一的、学界默认的。我们以后在写论文时,重要概念也一定要予以解释并注明出处,不能想当然地认为它不重要而忽视。

> 对策 4——要有现场应变能力

听了答辩以后觉得要写好一篇毕业论文真的很不容易,评审老师们从摘要开始,到参考文献为止,每一处小的瑕疵都不会放过,让人感觉压力很大,要写一篇滴水不漏、入老师法眼的论文真的是太难了。而且现场答辩的反应也很重要,老师们不仅会挑出写作不够规范的地方,还会质疑你的数据、论证和研究方法等,如何清楚迅速地回答出老师的问题也非常考验自己的前期准备和心理素质。

教师指导:

> 　　研究生阶段过得非常快,同学们最后要提交毕业论文作为答卷,这是学习成果、个人能力与做事态度的展示。在开题与答辩中,老师们常常会谈到以下问题,这些问题需要同学们尽早关注:
>
> 　　(1)研究综述部分没有"综合"与"评述",常常是一段一段地引用,然后再"综上所述",简单地总结一下。
>
> 　　(2)小结过多。有一个本章小结就可以了。
>
> 　　(3)体例与例句问题。举例论证时应该一个例句一行,不能几个例句排在一行;全文的例句编号、字体不统一;例句有很多不典型的情况,容易引起争议。
>
> 　　(4)前后逻辑不一致。比如第一章给出了定义与分类,可是后文并没有按照这一定义与分类展开。
>
> 　　(5)论点与论据不符。比如提炼出某一语言点所用格式,但是给出的例句却不属于这一格式。
>
> 　　(6)缺少实验假设或者研究问题。
>
> 　　(7)调查问卷与教学建议混在一起,没有分开进行说明。
>
> 　　(8)实验设计有缺陷,考察不出来所研究的问题。
>
> 　　(9)行文不友好,要么是大量表格堆砌,要么是说明表格的文字与表格离得太远。

第三章 论文点评

第一节 论文片段点评

一、引言

▶ 习作1

［一稿］

在对外汉语教学中,常常可以见到留学生犯这样的偏误"我刚到中国了","我刚下飞机了",看起来似乎没有什么语病,但却与中国人的语感不符,实际上,这是时间副词"刚"和"了"共现的问题。根据谢成名在2009年对北京语言大学中介语语料库"刚"使用偏误的考察,包含"刚"的偏误句一共有34句,其中,有16句是"刚"和"了"共现的偏误。【A 为进一步了解学生出现"刚"与"了"共现偏误的具体情况,我们检索了HSK动态作文语料库,输入"刚"字出现的语料有1137条,经过筛选,"刚"和"了"共现的句子共有28句,其中有10句出现偏误,可以分为三类,分别为"了"的赘余、"了"缺失和"刚"字的错误使用,其中,第一类偏误最多,有6例,第二类和第三类偏误各有两例。由此可见,对于"刚"和"了"共现的问题,留学生出现偏误的可能性比较高。】

"刚"和"了"共现不自由,这一论断早已是学界的共识,因此,为避免学生出现这类偏误,在教学中教师往往直接告诉学生包含"刚"的句子中便不能再加"了",【B 为了了解"刚"和"了"的共现情况,我们在

BCC语料库中检索了2017年《人民日报》中"刚"和"了"共现的情况,共有286条,筛选之后得到的有效语料有52条,可见"刚"和"了"共现虽受到限制,但并非完全不能共现】,那么,"刚"和"了"在什么条件下必须共现,什么条件下不能共现呢?本文从外国学生的偏误出发,尝试探讨这一问题,从教学角度提出相应建议,以期为教学提供借鉴。

[二稿]

在对外汉语教学中,留学生常常会出现这样的偏误:"我刚到中国了""我刚下飞机了",看起来似乎没有什么语病,但却与中国人的语感不符,实际上,这是时间副词"刚"和"了"共现的问题。"刚"和"了"共现不自由,这一论断早已有学者提出(周晓冰1993,聂建军、尚秀妍1998)。【C 谢成名(2009)将"刚"与"了"共现时"刚"所修饰的动词代入郭锐(1993)提出的汉语动词过程结构中,发现"刚""了"强制共现的情况有两种:一种是动词为双限结构,所表示的时点指动作的终点时的表意需要,另一种是调节句子韵律的需要。另外,她还认为"刚"不能与句尾"了"以及强调动作结果的词尾"了"共现,原因是它们的语义特征不一致。聂建军、尚秀妍(1998)认为"刚"和"了"一般不共现,原因有两个:一是"刚"和"了"都有表示事情发生或动作完成的语法功能,在一个句子中共现会违反语法的经济性原则,二是"刚"侧重强调事情的发生而非完成,与"了"在时间和状态上都有矛盾。】上述研究从本体角度对"刚""了"共现的条件与限制进行了有益的探讨,但是没有对留学生的偏误情况进行深入的考察。本文拟从留学生的偏误入手,分析不同偏误类型的成因,从而有针对性地从教学角度提出相应建议,为教学提供借鉴。

点评:

一篇论文的引言提供研究的总背景、意义、研究的现状和尚存在的问题,一般包括选题缘起、文献综述、要研究的问题(论题),以及研究的价值、意义。通俗地说,引言主要是告诉读者为什么要选择这个题目。自己对该问题的研究结果应该放到论证部分。修改前的引言出现了论文的两个研究结果,即【A】部分"刚"与"了"共现的偏误分类和统计数据、【B】部分"刚"和"了"在汉语语料中的共现统计数据。修改后的版本有了很大进步,在引言中删去了自己的研究结果,增加了该研究的本体研究基础,即【C】部分阐述的"刚"和"了"的共现限制,并以此为基础引出自己的研究。

> **习作 2**

[一稿]

词汇教学在对外汉语教学中占有举足轻重的地位,笔者认为,评价一个汉语学习者的汉语水平,除了依据学习者的口语表达能力外,学习者的词汇习得方面也是不容忽视的。这点取决于学习者对词汇的掌握程度,包括对词义的理解及对语用功能的掌握程度。然而,现代汉语的词汇系统里存在着大量的同义词、近义词。这些同义词、近义词无论在语法意义方面或是语用功能方面都没有太大的区别,而这些细微的差别往往是汉语学习者的学习难点,同时也是汉语教师的教学难点。就目前的情况而言,已有不少学者着手研究这些同义词、近义词,希望借此能够对对外汉语教学提供一些帮助,不仅是解决汉语老师的教学难处,同时也让留学生学习使用时能够得心应手。

[二稿]

词汇教学在对外汉语教学中占有举足轻重的地位,本文认为,评价一个汉语学习者的汉语水平,除了依据学习者的口语表达能力外,学习者的词汇习得方面也是不容忽视的。这点取决于学习者对词汇的掌握程度,包括对词义的理解及对语用功能的掌握程度。然而词语误用现象随着学习者水平的提高而逐渐显著,这主要归因于学习者无法准确判断近义词的差异。而对近义词使用偏误的研究显示,其偏误率占词语偏误总量的三分之一(罗青松,1997;李绍林,2010),可见近义词误用的现象不容忽视。为了改善学习者词语的偏误情况,已有不少学者着手研究这些同义词、近义词(马真,2003;王凤兰,2006;石兴慧,2010;曲殿宇,2012),希望借此能够对对外汉语教学提供一些帮助。这些相关研究不仅能够解决汉语老师在教学过程中面临的难题,同时也能够让留学生在学习使用时得心应手。

点评:

一稿提出两个观点:(1)近义词是学习者词汇学习的难点;(2)已有学者对近义词、同义词进行了研究,但是没有提供论据论证自己的这两个观点。二稿则引用了罗青松、李绍林的研究,说明留学生近义词偏误的比例不低,从而论证了近义词是词汇学习的难点这一观点。二稿还列举了马真等关于近义词的研究,说明学者们对这个问题的重视。

> 习作3

1. 选题缘起

笔者在带留学生去徽州的一个农村做社会调查时,一个学生突然问我:"这个村庄著名吗?"本着暑期项目有错必纠的原则,我指出不能那么说,应该说:"这个村庄有名吗?"他又进一步追问原因,我一时语塞,只好搪塞他:"因为'著名'更正式,'有名'更口语。"然而这个答案连我自己都不能说服。基于此,笔者展开了对"著名"和"有名"的辨析。

2. CSL学习者相关偏误情况

为了更有针对性地辨析这对易混淆词,笔者检索了HSK动态作文语料库,以下是CSL学习者的相关错句:

1)"著名"不恰当地作谓语(共1例)。例如:

(1)本校的管乐团是相当著名的。(马来西亚)

2)"有名"修饰名词时不加"的"(共8例)。如:

(2)泰国自古以来就有男女分班的学校,大部分是洋人开的有名

学校。(泰国)

从以上错句可以看出,CSL学习者表现出来的偏误具有较强的集中性特点:9例偏误中,8例均为"有名"和它修饰的名词之间没有加"的",改正的方法除了加上"的"以外,还可以直接将句中的"有名"换为"著名"。第一例则和"这个村庄著名吗"犯了同样的错误,即"著名"不恰当地作谓语,须知,"著名"不常作谓语,它作谓语有一定的条件限制。为了更有效地避免留学生的偏误,对外汉语教师在辨析"著名"和"有名"时,一定要着重强调以上两点。

3. 前人的研究成果及局限

3.1 前人的成果

……

3.2 前人的局限

从表1可以看出,前人虽然从语法角度和语义角度对"著名"和"有名"进行了辨析,但均未从语用角度即搭配范围和使用频率两方面对二者进行辨析;此外,在句法功能方面,虽然前人指出"著名"多作定语,并指出了它作谓语时的一种情况,即前面常加"因"或"以",与其宾语组成介词结构,说明因为什么或在哪方面"有名",但对"著名"作谓语的其他情况和限制条件均未作说明。

点评:

上述论文的引言存在三方面的问题:

(1)1、2部分都属于偏误情况,应该合成一个部分。第1部分应删减个人经历方面的叙述。

(2)论文没有一个明确的论题,应该在3.2的最后,在论述前人研究不足的基础上,提出自己的研究方法和研究问题。

(3)引言部分一般不涉及自己研究的结论。该论文第2部分直接说明了两个研究结论:"有名"作定语要带"的","著名"充当谓语有条件限制。这样的结论都应在论文主体部分呈现。第 2 部分中提到的"为了更有效地避免留学生的偏误,对外汉语教师在辨析'著名'和'有名'时,一定要着重强调以上两点"属于教学建议,也不应在引言部分出现,而应放入论文的"结论和余论"部分。

二、综述

> 习作 4

在宏观层面的研究主要是对商务汉语教材进行定位、分类总结其特点、进行编写构想、提出编写建议等方面。杨东升(2003)、寇维纳(2011)、刘毅(2017)都认为商务汉语教材的最大特点就是实用的"交际性"、知识的"专业性"和语体的"庄重性",另外,杨东升和刘毅同样都认为商务汉语教材的另一个特点是"文化关联性",内容部分与文化不可分割。刘毅还提出学习主体"广泛性"的特点。	商务汉语教材的特点
关于商务汉语教材的编写理念,黄梅(2015)指出:"我们归纳了商务汉语教材编写的四种目的,分别是:教授专业知识、传授学习方法、满足商务需要和培养商务交际能力。这四种目的并非割裂存在的,而是互有交叉。也就是说,很多商务汉语教材的编写理念并不单纯。"关于商务汉语教材的编写原则,刘静(2014)认为,要遵循通用汉语教材的编写原则(科学、实用、知识、趣味),另外也要注重针对性、交际性、开放性、双重性,以及语言知识与专业知识的结合、介绍适度原则和体现层次原则。而吴洁(2012)提出新一代商务汉语教材的编写原则应有:需求分析原则、科学性、灵活与开放、趣味性和现代化,另外,还建议尝试中外合作编写教材和建立科学的教材评估体系。	商务汉语教材的编写理念和编写原则
芦薇(2009)同样也建议加强中外合作编写,还对商务汉语教材的词汇、语法、练习编写方面提出了建议,即重视词汇选取和注释、规范化及专业化语法编排、练习设置应兼顾固定性与创新性,由易到难。与徐廓(2017)一样,他们都认为应该建立商务汉语专门大纲,增加多媒体等资源的辅助配置,并推出配套用书。徐廓还认为应编写商务汉语教师用书,完善商务汉语教材的立体化,编写国别化教材。	商务汉语教材编写建议

续表

另外,周韵(2017)还对商务汉语教材的主题选取提出了建议,认为主题不宜过小,区分不宜过细;内容编排方式要多样化,如通过阅读导入话题、通过对话及讨论来学词汇等。	商务汉语教材的内容
另外,刘毅(2017)提出要强化教材编写的针对性、实用性,编写多层次、多种类的教材,知识编排上注意专业性、学科性、系统性,内容要有开放性和趣味性;以案例引入真实商务场景;将 HSK、BCT 考试与教材编写相结合。	商务汉语教材编写建议
他还指出商务汉语教材存在的问题,认为教材匹配不合理,体现为教材种类与数量相对较少;国别体商务汉语教材少;国家人士参与合作编写的教材少;关于地方特色的商务汉语教材种类少;针对不同需求的教材数量少。与此类似,孙静(2010)也认为商务汉语教材的类型较单一,不能够满足日益增多的学习需求,而路志英(2006)认为有影响力的教材太少。在商务汉语教材编写方面,王思博(2012)认为编写缺乏系统性和传承性,刘毅(2017)认为编写得不合理,缺少新意,与 BCT 考试关系不太大。在教材内容方面,王思博(2012)认为教材的内容不够成熟,而刘毅(2017)认为内容缺乏时效性,和中国文化结合不严密,路志英(2006)认为商务知识和汉语内容的处理太随意。而在练习方面,王思博(2012)认为练习题型缺乏新意,刘静(2014)认为部分练习难以操作,难易顺序不当。	商务汉语教材存在的问题

点评:

有关商务汉语教材的特点、编写原则、编写建议以及目前商务汉语教材的不足等内容的相关文献综述都放在一个段落内,使得内容庞杂,主要观点不明晰。应该根据内容分成六个不同的段落,一个段落表达一个主题。

> 习作 5

李越红《中西方校园文化差异浅析》(2004)也提到,由于地理环境、历史背景以及其他因素的不同,中西方文化各具特色,其校园文化也存在着本质的差异，应该坚持扬弃、发展与创新、立足实际等原则，批判地吸收借鉴西方的校园文化，建设民主、开放的校园文化。高名亮《多元文化对大学校园文化建设的挑战及对策》(2007)提到，多元文化的时代背景影响着校园文化的建设，多元文化带给人类多维度思维方法，崇尚实际，崇尚开放包容的精神，为校园文化提供了新的视野。校园文化形式呈现出多样化的趋势，在各种文化的融合中，需要注重借鉴西方的经验，结合实际，不断推进校园文化的建设。王淑侠《中美校园文化对比研究》(2010)指出，中美两国由于政治制度、传统文化、历史背景等不同，校园文化也存在着较大的差异。通过分析中美校园文化的差异，并寻求其文化根源，有助于中美两国学生之间的沟通、理解。《中美校园文化对比研究》是从一个中国人的视角强调立足中国优秀的传统文化，吸收美国校园文化中的精华，促进中国大学校园文化建设，为现代教育的发展营造更好的校园文化气氛，培养新型的综合性人才。呼建勇《文化认知对跨文化交际的影响》(2012)是以跨文化视角去审视不同的文化，通过了解本国文化，并充分地了解他国文化，减少负面的刻板印象，提出跨文化交际的训练方法和培养方案，争取做到良好的文化选择，达到双方的文化认同。戴凯丽《对外汉语教师海外工作中面临的文化差异及文化适应》(2012)提出汉语教师在国外任教时所面临的文化差异问题，通过分析和比较指出汉语教师在跨文化交际中必须认识到不同文化的异同，提高跨文化交际意识，增强不同文化的适应能力，不断进行自我调整，克服文化差异，达到教学目的。

 点评：

上述文献综述只是罗列、摘抄所读的文献，没有给文献分类，导致同一类的文献出现在不同的地方。应该按照中外校园文化差异、多元文化背景下的校园文化、跨文化交际等对文献进行分类，并分别加以评述。

> 习作 6

在"有"字句的习得顺序以及偏误率方面,施家炜(1998)对韩国汉语学习者汉语句式的习得顺序进行了研究,比较了"有"字句中"S+有+N(词组)"与"方位词组+V+有+N(词组)"这两类句式的习得难度,得出"S+有+N(词组)"较为容易习得,"方位词组+V+有+N(词组)"非常难习得的结论。另外,针对"有"字句的习得顺序与习得难度,董小琴(2008)在《外国学生"有"字句偏误分析及习得研究》一文中也比较分析了本族人和留学生在使用"有"字句方面的异同。通过对留学生"有"字句正确用例和偏误用例情况进行归类,统计出各下位句式的偏误率,并确定了各句式的习得顺序,其结果与施家炜的研究基本一致。在韩国汉语学习者"有"字句偏误产生的主要原因方面,刘苏乔(2002)结合对外汉语教学实践,总结出了留学生使用该句型时产生偏误的主要原因是母语的负迁移以及英语的影响,并指出教师在教学时应该对该句型的语义关系、语用条件等进行详细解释,不能只拘泥于教材。另外,在韩国汉语学习者"有"字句偏误方面,安俊丽(2008)考察了韩国留学生习得汉语存在句的偏误,指出韩国学生习得汉语"有"字句、"是"字句、"在"字句以及静态的"V着"句时出现的主要偏误有三类:介词冗余、语序颠倒以及回避。其主要原因各有不同,有母语负迁移的影响,有汉语内部的语内干扰,也有目的语语法规则泛化的影响。郁梅(2009)也针对"有"字句进行了偏误分析,她结合认知语言学理论,对对外汉语教学中搜集的"有"字句的偏误进行了归类分析,发现韩国汉语学习者"有"字句学习过程中的偏误情况为:误代>遗漏>错序>误加>杂糅。

点评:

上述文献综述的段落包括两方面的内容:习得顺序和偏误,因此最好分成两个段落。此外,安俊丽(2008)和郁梅(2009)关于偏误的分类有重合的部分,如冗余、错序,因此最好按照偏误分类来综述文献,而不是按照作者来综述。

> ▶ 习作7

邵娜(2011)一文通过对新手教师的课堂观摩、问卷调查和访谈,发现93%的学生认为教师课堂上的纠错行为非常有必要,并且87%的学生纠错后的感受为正面情绪。……本文的调查研究结果为新手教师的实际教学工作提供了有力的理论帮助,而且也为将来的研究提供了充分的理论依据。

张欢(2006)通过十位教师的课堂录音资料,对教师纠正性反馈方式和学习者的理解回应做出了详细的分类解释和例证说明,还进一步对它们之间的关系进行了横向比较。作者又根据前人的研究数据对比了不同教学法在课堂上的纠正性反馈。此项研究非常详细地对纠正性反馈进行了分类和解释,并且对学习者的理解回应也做出细分,解释并总结出实际课堂上的运用比例,为今后的教师纠正性反馈研究提供了很好的数据和理论。不同教学法之间的纠正性反馈对比结果充分说明了对外汉语课堂的教学特色,使相关研究者能更深入地了解现如今的对外汉语课堂形式,并发现有价值的研究课题。

陆熙雯(2008)运用了一个课堂教学实验和一个实验室实验,研究了重述与第二语言习得的关系。实验结果显示,教师在课堂上大量地使用纠正性反馈中的重述,有助于短期和长期的汉语第二语言习得,并且在长期习得和语音两个方面的效果优于其他类型的纠正性反馈。此文介绍了前人在验证方法方面的不充分性,利用了一个新颖的实验方法,验证和肯定了教师和母语者的重述有助于短期和长期的第二语言习得,并且其效果明显优于其他类型的纠正性反馈。此项研究结果支持重述有助于第二语言习得的结论。而且,利用新颖的验证方法和充分的验证数据克服了前人实验测量的不足,研究结果具有很强的说服力,也为我们将来的研究开拓了新的思路。

点评：

该综述对不同的文献有评价，缺点是对文献没有分类。综述不能写得太机械，不是引一段文献然后就评价一下，而是要根据文献的内容以及与本文要研究的问题的相关性进行分类和评价。此外，第一段最后说"本文的调查研究结果……"，应该改为"该文的调查研究结果……"。"本文"指的是你写的这篇文章，"该文"指的是前文出现的引用的文章，不要混淆。

➢ 习作 8

重述法在四篇文章中都被提及。张欢（2006）解释到，重述法是一种比较隐晦，并非直白地提出学生错误的一种方式。教师通过重复且修正有偏误的句子来引起学生的注意，学生下一次则不会出现类似的偏误。樊泽媛（2011）提到，当教师遇到不同语言偏误类型的时候，他们的纠正方法存在着差异。比如，教师针对语音偏误用重铸反馈最多，而词汇偏误则是引导反馈。每一种反馈方式都能在不同程度上解决学生的问题，并且让学生不再犯同样的错误。陆熙雯（2008）和邵娜（2011）都认为重述是教师（包括新手教师）运用最多的一种纠正性反馈方式，无论是长期还是短期二语习得，重述都比其他反馈方式更有效果。

不同的是，张欢（2006）提到，根据学生的需求，不同类型的课堂有着不同的反馈方式。比如，在对外汉语课堂、法语沉浸式课堂和英语交际式课堂中，教师用重述法的频率最高，可是在法语沉浸式课堂和英语交际式课堂中，学生对此类纠正性反馈的回应并不是很高。造成这种情况的原因可能是课堂类型不同，学生对教师授课方式的要求也不同。当学生学习这个语法点是想用于交际目的的时候，他们希望得到的反馈方式更偏向于交际化，可以用于真实的生活情境；当教师的授课方式是语言形式大于情景意义的时候，学生更能理解重述法的作用和效果。

……

　　本文对与对外汉语课堂教师的纠错行为有关的四篇文献做了分析和比较,着重探讨了重述法在对外汉语课堂上的作用和效果。虽然有的研究调查显示重述法是有效的纠正性反馈法,但也有研究表示纠正法还需要考虑外语课堂的类型和学生的回应率。无论是新教师还是有经验的教师,都不能单一地运用一种方法来纠正学生的偏误,更不能不考虑学生的思想情绪而直接指出错误。为了日后能研究出更多严密有效的纠正法,教师还需要在对外汉语课堂上得到更多的调查数据和学生反馈。

点评:

　　综述是为了将前人的研究与自己的研究联系起来,将自己的研究纳入整个相关研究的框架中来。这段综述选择了"重述"这个研究问题,围绕着"重述"来组织自己的研究综述,这一点是值得肯定的。

三、给术语下定义

> 习作9

　　话语标记是互动式口语交际中特有的一类功能词(或短语),它们在句法上具有相对独立性,在口语交际中没有概念义,只有程序义,其功能体现了认知主体的元语用意识,例如英语中的"and""well""frankly""you know",汉语中的"你看""就是说""你知道吗"等。对口语中话语标记最早的关注来自1953年Randol Quirk的题为《随意的交谈——日常口语的一些特征》的讲座,他首次明确地谈到在日常口语中一再出现的一些修饰语"you know""you see"和"well"等。国外自20世纪80年代开始,话语标记成为一个研究热点,早期学者从语法—语义—语用三个平面进行研究,尤其是语用,如Schiffrin的

Discourse Markers(1987)用"自下而上"的方法研究了六类话语标记。90年代后,不少学者开始基于认知－功能角度进行研究,如Blakemore(1992,2002)从认知关联角度进行界定,根据话语标记所激活的不同认知效果,将话语标记分为三大类:加强已知语境假设的话语标记,否定原有语境假设的话语标记和能够产生语境隐含的话语标记。国内的研究方面,传统语法研究中的"独立成分""插入语"等与话语标记有一定交叉,90年代后的研究则多受国外话语标记研究的影响。从现有研究看,话语标记有以下几方面特征:语音上,话语标记有独立的语调单位;句法上,话语标记具有独立性,主要出现在句首;语义上,话语标记不会影响语句所表达的命题的真值;语用上,话语标记对言语交际进行监控和调节;风格上,话语标记多用于口语。

点评:

这个段落给话语标记下定义,运用了追踪溯源、举例、分类、描述特征等多种方法,写得非常全面。但是话语标记的概念比较复杂,把与定义相关的内容都放在一个段落里太多了,可以把话语标记的分类分出来,另起一段进行说明。

➢ **习作10**

20世纪70年代,国外语言学家相继提出语块划分和语块教学的设想。不同的学者使用了不同的术语,有的学者称为词汇短语(lexical phrases)、词汇组块(lexical chunks),有的使用词汇化句干(lexicalized sentence stems)、预制复合单位(ready made complex units)或言语程式(speech formulate)等。我们统称为语块(chunk),它指的是一个构式中的一定的句法形式相对独立地承载该构式的一个语义单元的句法语义聚合体,是认知心理层面的"组块"(chunk)在语言句法层面的体现,反映了人类信息处理能力的实际运用单位。一个语句表面看是由若干个语素或词组合成的,在处理加工中实际的组成单位是语块。

它与当前第二语言教学界讨论较多的语块(formulaic language)不同:"formulaic language"指的是词汇层面上一个一个的词语聚合体,以及语言中高频出现的具有一定习语性的构块(Nattinger & DeCarrico,1992;Lewis,1997;Wray,2002、2008)。

点评:

这个段落的第一句谈到语块划分和语块教学两个方面,但是后文谈的是不同的术语和语块特征,存在主题句与后文内容不一致的问题。

四、给某一现象分类

> 习作11

留学生在写作中常常出现各种不同类型的偏误,其中最明显的是篇章连贯性的偏误。篇章的连贯手段一般有以下三种:语法手段、词汇衔接和连接成分。语法手段包括省略、照应、替代、句序、句式和时体等;词汇衔接指的是词汇的复现;连接成分即关联词、助词"了"和"过"等。为了考察英美留学生在语法手段使用上造成的偏误,我们收集了他们写作的语料并进行了统计。结果显示,英美留学生在写作时,使用语法手段的偏误数量依次是:省略(79%)、照应(11%)、时体(5%)、句式(4%)和替代(1%)。其中,省略是留学生最常出现的偏误,包括主语、定语和其他语法成分的省略,具体表现为该省略的不省略,或是不该省略的进行了省略。究其原因,可能是受母语负迁移的影响,因为英语不像汉语一样有大量的省略,而学生在学习时很容易沿用英语的表达方式。因此,我们在教学过程中应注意两种语言的对比,让学生明确汉语和母语的差异,尽量避免造成偏误。

点评：

一个自然段应该围绕一个主题句来说明，而这段内容比较杂，重点不突出。第二个句子介绍篇章的连贯手段，属于理论介绍，应该另起一段，放在具体分析之前。原因是另一个话题，也要另起一段说明。最后的结尾句应该与主题句相呼应，总结本段的内容，不宜提出新话题，因此与之相关的教学部分也不应该放在这一段。

➢ 习作 12

留学生在使用汉语进行写作的时候，往往会出现篇章连贯语法手段方面的偏误。以往对这一类偏误，教师往往不是非常关心，而是更关心语言形式方面的偏误。事实上，这些偏误本身是非常具有研究和分析价值的，可以细分为很多具体的问题。笔者根据对收集到的留学生语料的分析统计，发现在篇章连贯的语法手段方面，他们会出现五种偏误问题。其中，与省略相关的问题最多，占总数的79%。其后依次是照应(11%)、时体(5%)、句式(4%)、替代(1%)。省略的偏误问题，又可以再分为主语省略的问题和定语省略的问题。

点评：

论文写作要做到客观、公正，没有证据的话不说。这一段第二个和第三个句子是与段落内容无关的评论，而且主观性太强，应该删除。另外，最好增加一个结尾句，否则感觉话没说完。

五、将两个现象进行对比

➢ 习作 13

本文主要从句法、语义和语用三方面对"之前"和"以前"进行了多角度对比。在句法上，"之前"和"以前"都可以位于句首、句中和句尾，并且"以前"还可以单独成句。另外，在句子成分方面，两者都可以做主语、宾语、状语和定语,但充当状语是其最主要的句法功能。在语义上,"之前"兼表时间义与空间义,而"以前"只表示时间义。需要注意的是,"之前"只表达具体的时间义,而"以前"可表达具体或模糊的时间义。另外,"之前"在表时间义上偏重于短时,"以前"则偏重于长时。最后,在语用方面,"之前"和"以前"都主要出现于文艺语体和新闻语体中。

 点评:

整体上看,这个段落的逻辑看似清楚,通过三个比较点(句法、语义和语用)来说明"之前"和"以前"的差别,在每个比较点内部又描述了二者的相同或不同。但从阅读的角度来说,对读者并不友好。关于易混淆词,读者期待了解的是二者的差异。这一段把相同点、不同点与比较点混在一起说,先说句法位置与充当的句法成分的相同点,然后说语义差异,最后又说语用上的相同点。建议改为先说相同点,再说不同点,在说不同点时,再分比较点进行论述。此外,"需要注意的是"一般来说是最后一个补充点了,可是后面还有"另外""最后",语言也需要调整。

> 习作 14

本文将从意义、语法功能和语体色彩三个方面来分析"差不多"和"几乎"的异同。从意义上看,二者都有"相差不多、接近"的意思,例如"差不多等了两个小时""几乎等了两个小时",都表示等的时间接近两个小时。但二者也存在细微的差别,杨德峰(2015)指出"几乎"的接近程度比"差不多"高,且主观性也高于"差不多"。此外,"差不多"还可以表示一般、大多数,例如"差不多的农活儿他都会干";"几乎"则可以表示某件事将近发生,多用于说话人不希望的事情,相当于"差点儿",例如"要不是你提醒我,我几乎忘了这回事"。从语法功能上看,二者词性不同,"差不多"兼有形容词、副词两种词性,而"几乎"只是副词。

第三章 论文点评

二者的句法分布也有同有异,二者都可以做状语,例如"差不多吃完了""几乎吃完了"。但由于"差不多"还有形容词性,因而它还可以做谓语、补语、定语和主语,例如"这两种颜色差不多"(做谓语)、"写得差不多了"(做补语)、"差不多的样式就可以"(做定语)、"差不多就得了"(做主语)。而副词"几乎"只能做状语。从语体色彩上看,"差不多"一般用于口语,而"几乎"通用于书面语和口语。

点评:

这段写得不错!快速说完"差不多"和"几乎"的相同点之后,将重点放在辨析二者的差异上,分别从语义、语法功能、语体色彩这几个比较点上进行说明。

六、论证某一观点

> 习作 15

经过一个月的汉语辅导班的学习,我直接升入中国小学。当时我特别想交中国朋友,可是我的汉语仍处于初级水平,只会说一些使用频率较高的交际问候语。本着"交中国朋友"这一目标,我主动向中国学生问好并尽可能多讲一些我所知道的汉语词句。同时想不出所谓"高端大气上档次"方法的我,只好盲目地"听什么背什么"。我虽然并不能完全理解我听到的、说出来的汉语所代表的意思,可是我观察他们讲汉语以及我讲汉语的时候他们的反应,猜测并推断出汉语的褒贬义。

留学生 B 也赞同学习动机在语言学习过程起重要的作用。当时在中国很难找到韩文版小说,只能找一些中文小说。可是在汉韩词典里无法查到小说中出现的陌生词汇,因此他为了读懂中文小说,只好同时翻阅汉语词典和汉韩词典,在汉韩词典中查找那些汉语词典解释中出现的较为简单的词汇,逐词翻译理解小说中的词汇。课文方面,请同桌朗读,自己亲笔听写,课下翻阅词典理解其义。他表示:频繁利用词典的这个阶段,汉语水平显著提高。

点评:

上述两个段落分别叙述学习动机对两个留学生学习汉语的影响,第一个学生想交中国朋友的动机促使她努力学汉语,第二个学生则是为了读懂中文小说。第二个段落的第一句是该段落的主题句,直接点明学习动机对语言学习的重要作用。而第一个段落缺少说明段落主要观点的主题句,因此读起来没有第二个段落容易。

➢ 习作16

随着韩国汉语教学的发展,学者们近年来逐渐开始关注韩国汉语学习者的"有"字句教学策略与教学方法。【A】在师资方面,韩国中小学主流学校倾向于每年聘请中国教师或志愿者对语言点授课内容进行指导监督,在教学与批改作业的过程中查看"有"字句及其他语言点的产出是否符合汉语规范,并在反思日志中记录"有"字句的使用规律以及教学心得(王晓甜,2015);【B】在课程安排方面,"有"字句的教学贯穿于汉语教学的整个阶段,在初级阶段,韩国的"有"字句教学集中于简单的"S+有+O"句式,在初中级阶段,加入存现句的简单用法"处所N+有+数量词+O",在中高级阶段,加入"有"字句涉及两个宾语的较为复杂的用法(郭洪宇,2012);【C】在学习教材方面,谢晓慧(2009)分析了三套韩国初中级汉语精读教材"有"字句的讲解情况,并对语法点的编排顺序进行了考察,发现韩国汉语教材中,"有"字句的教学基本符合语言习得规律,但在教材的编排中也出现了难易"有"字句语言点搭配混乱的情况,不利于学生的内化与变通;【D】在"有"字句教学的课时方面,李路阳(2015)调查了韩国釜山中小学教师对"有"字句教学的重视度,发现大部分教师只重视"有"字句常用的句法、语用格式的教学,而忽视了更为地道的其他语境下"有"字句的教学。

点评：

上述段落只是围绕着"有"字句的教学这个话题，介绍了课程安排、教材中的安排、教师的具体教学等内容，各部分之间缺乏有机的联系，作者未对"有"字句的教学形成一个核心的观点，因此段落也没有主题句。段落从四个方面介绍"有"字句的教学，但是【A】和【D】两个部分的概括不太准确。【A】概括为"师资方面"，但实际上是介绍教师如何进行"有"字句的教学，因此与【D】部分内容相同。【D】部分概括为"有"字句教学的课时，但实际上未涉及教学的时长问题。

➤ **习作 17**

【A】随着中国经济的迅速发展和国际影响力的逐步提高，作为交际工具的汉语在全球范围内日渐升温。汉语国际推广已成为一项中国国家和民族的事业，无论是国内的对外汉语教学还是海外的汉语教学，都需要一大批合格的国际汉语教师来为汉语国际推广事业"保驾护航"。教师是汉语国际教育"三教"问题的重中之重，是我国汉语国际教育事业的中流砥柱。然而，现有的国际汉语教师无论在"量"上还是"质"上都不容乐观，远远不能满足全球"汉语热"的需求。【B】因此，"制造"一批合格的、优质的对外汉语教师迫在眉睫。而"制造"大批优质的国际汉语教师就需要专业化、系统化的国际汉语师资培训。目前，国际汉语师资培训模式与方式相对单一，不仅没有形成系统和规模，而且存在很多问题，例如：培训过程往往是提供一般性的知识、理论，与实际情境脱离，不符合教师的真实需求和个人风格；学员缺少一定的教学实习机会，难以将所学知识运用到实践当中去；培训的空间和时间有限，即使学员有一定的实践机会，也只是点到为止，难以实现行动、反思、再行动的良性循环过程；较少采用启发式教学，缺乏师生互动等。因此，如何为全世界"制造"一大批合格的国际汉语教师，值得我们去研究、去探索、去尝试新的培训方式。【C】通过研究世界上对外英语师资培训,我们发现美国 TESOL 师资培训项目是全球对外英语师资培训的成功典范。美国 TESOL 全称为"Teaching English to Speakers of Other Languages",译为"教授非英语人士英语",指对以英语为第二语言的学生进行英语教学。经过多年的探索和发展,TESOL 培训项目已经形成了一套比较完善的师资培训体系,其高品质的英语教学已经为全世界培养了大量优秀的国际英语教师。TESOL 国际英语师资培训成功的经验非常值得我们研究和借鉴。基于此,本研究对 TESOL 项目的产生背景及发展现状、师资培训目标、教学对象、课程培训目标、课程设置和资格认证等方面进行深入分析,以探究美国 TESOL 师资培训项目对国际汉语师资培训的启示,从而加强国际汉语师资队伍建设,促进汉语国际教育事业的发展。

 点评:

上述段落包括三个方面的内容:【A】汉语师资不能满足"汉语热"的需求,【B】现有汉语师资培训存在很多问题,【C】TESOL 师资培训项目可以作为借鉴。因此上述段落宜分成三个段落。

七、用数据或图表论证某一观点

> 习作 18①

现代汉语中,"着"出现的句式可分为 A、B 和 C 三类。A 类句式中,"着"表伴随状态,结构为"动词$_1$+着+(宾语)+动词$_2$",如"躺着休息""拿着一束鲜花走过来"。B 类句式中,"着"表示动作的持续,结构为"动词+着+(宾语)",如"一直跟着我们""一直跟父母一起住

---

① 习作 18—20"着"的分类与相关数据来自孙德金(2000)《外国学生体标记"了""着""过"习得情况的考察》,《第六届国际汉语教学讨论会论文选》,北京大学出版社。

着"。C类句式中,"着"表存在状态,结构为"处所＋动词＋着＋人/物",如"牌子上写着'请勿吸烟'""头上戴着一顶红帽子"。为了考察英语母语背景学习者"着"的习得过程,我们使用汉语中介语语料库系统,对"着"三种句式的语料进行统计和分析。首先,我们通过计算机提取包含"着"的句子,再将不表示体范畴的含词形"着"的句子人工删除。语料共分为八个学时等级,每个学期为一个学时等级。由于八级语料太少,统计和分析以一至七级为准。语料统计结果于图 1 和图 2 中呈现。

 点评：

这个段落包括两部分内容："着"出现的句式和研究"着"的习得过程中所用的语料。一个段落表达一个观点,因此上述内容分成两个段落比较好。

➢ **习作 19**

从汉语中介语语料库系统 100 多万字的语料库中由计算机自动将母语背景为英语、包含"着"的句子提取出来,再人工将不表示体范畴的含词形"着"的句子删除。一级到八级为学时等级,每学期为一个学时等级,共分八个学时等级。八级的语料太少,统计和分析基本以一级到七级的语料为准。

考察不同水平英语母语背景学习者各类"着"的习得过程之后发现,使用"着"的三个句式分别为:A. 伴随状态[动词$_1$＋着＋(宾语)＋动词$_2$];B. 动作持续[动词＋着＋(宾语)];C. 存在状态(处所＋动词＋着＋人/物)。

【A】不同水平英语母语背景学习者各类"着"句式的正误率表显示:A 伴随状态的结构类型,从一级到七级语料中提取出共 46 个句子,其中正确句子为 40 句,错误句子为 6 句,正确率 87％,错误率 13％;B 动作持续的结构类型,从一级到七级语料中提取出共 76 个句子,其中正确句子为59句,错误句子为17句,正确率78%,错误率22%;C存在状态的结构类型,从一级到七级语料中提取出共46个句子,其中正确句子为42句,错误句子为4句,正确率91%,错误率9%。

【B】表中数据显示:根据不同水平英语母语背景学习者各类"着"的句式正误率来比较三个句式的正误比率,能看出:正确率最高的是C存在状态的结构类型,为91%,其次是A伴随状态的结构类型,为87%,最后正确率最低的是B动作持续的结构类型,为78%。错误率最高的是B动作持续的结构类型,为22%,其次是A伴随状态的结构类型,为13%,最后错误率最低的是C存在状态的结构类型,为9%。综上可以看出,不同水平英语母语背景学习者C结构类型的正确率最高,而且错误率是最低的。

 点评:

根据正确率可以推出错误率,因此【A】【B】两个段落不需要把正确率和错误率都说一遍。【A】【B】两个段落内容重复,这两个段落的内容只用"C类结构正确率最高"概括就可以了。

▷ 习作20

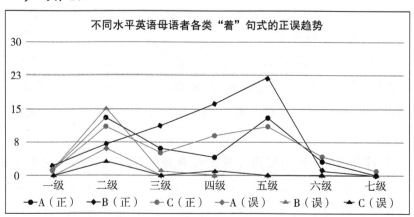

图1 不同水平英语母语者各类"着"句式的正误趋势

点评：

正确和错误的折线只要呈现一个就行。上图正确和错误的折线放在一张图中，看不清楚趋势。比如二级上方的六个点，三个是正确率，三个是错误率，这样的呈现没有意义。

八、结论

➢ 习作 21

中韩新词对比

本文通过对比近期常见中韩新词，发现新词与当下的社会、文化有直接关系，而且新词与年轻人的生活具有相当大的共通性及关联性。所以本文建议把新词放入对外汉语课堂教学中，笔者对此提出了三个能够提高学习效果的理由。因本文没有进行相关教学方法的满意度问卷调查，没办法准确掌握学生的反馈，但希望对此问题有更多的后续研究，并期待新词能更有效地运用到对外汉语教学上。

点评：

上述结尾段指出自己研究的不足是"没有进行相关教学方法的满意度问卷调查"，但是该文只是比较了汉语和韩语的新词，未涉及新词教学方法的研究，因此该不足与论文没有直接的关系。

➢ 习作 22

本文调查了留学生的兴趣需求，对改进与制定短期汉语教学策略做出了初步努力。因为所调查对象过于局限，问卷本身也存在一些问题，所以调查结果并非完美无缺，还需要学者们在今后的工作中慢慢予以修正与补充。

点评：

这个结尾段过于谦虚，把自己的研究说得简直没有了价值。不论是评价别人还是评价自己，都要客观、公正。

> 习作 23

本文采用问卷调查的方法对美国短期来华留学生进行了研究。调查结果表明，在课堂教学方面，受到性别和来华动机的影响，美国短期留学生对说汉语的兴趣值最高，且更希望教师在课堂上提供更多目的语输入方式，同时也更倾向于以自由小组内部交流的形式来讨论与中国文化相关的话题。在进行练习时，学生更喜欢机械类的语法练习。在作业方面，学生对于通过网络进行查找的作业兴趣最低，而对读写类作业兴趣最高。在测验与考试方面，大部分学生不喜欢全覆盖式的考试。本研究的不足之处在于尚未具体探讨各项指标的相关性，这有待于今后更深入的研究。

点评：

这个结尾段重述了文章的研究结论，并指出了研究的不足之处。写得很清楚！

九、摘要

> 习作 24

随着社会的发展、网络的发达，我们的世界"变小了许多"，世界各地发生的大事件、热点只要打开电脑和手机就可以轻松查收。网络在生活中占据的比例逐渐变大，也变得非常重要，直至今日大多数人已经离不开网络。在网络世界里，网络词语也跟着不断发展、不断变化，这也使得社会上出现了许多人们不曾使用过的新词，起初看起来为简单的合成，实际上也会有复杂的构建过程，而合成后的新词还能产生多种新的语义。接下来本文将对中韩两国新词的结构、来源两个方面进行比较分析。

点评：

上述摘要由研究背景和论题两部分构成，没有介绍研究方法，也没有说明研究结果。此摘要更像是一个引言。

> **习作 25**

本文对有关对外汉语课堂教学中纠正性反馈的四篇文章进行了分析和综述，分析了其研究方法、研究内容和存在的问题，并提出一点思考，以期为对外汉语课堂中教师的纠正性反馈研究提供参考。

点评：

摘要是对全文内容的概括，重点要写研究结论。上述摘要写得太泛，等于什么也没有说。应该具体说明存在哪些问题，思考后的结论是什么。

> **习作 26**

［一稿］

"犹豫""踌躇"这两个词在词义、句法功能上都十分相似，所以留学生在运用这两个词时很容易产生错误。本文从北京大学 CCL 语料库中挑出带有"犹豫"与"踌躇"的例句各 100 条，对这些例句从词义和用法两个方面进行辨析。本文得出如下几点结论：(1)"踌躇"的词义多于"犹豫"的词义，其中"踌躇满志"是"踌躇"的突出的词义；(2)"犹豫"倾向于描写心理，"踌躇"倾向于描写行为；(3)"踌躇"多用于书面语体；(4)两个词一般跟别的词一起搭配使用，单独使用的很少；(5)"犹豫"的并列搭配多于"踌躇"的并列搭配；(6)"犹豫"和"踌躇"充当状语的时候常常与否定形式的"毫不"一起搭配使用，而且"毫不犹豫"的搭配多于"毫不踌躇"的搭配；(7)只有"犹豫"可以重叠。

[二稿]

近义词辨析是对外汉语教学过程中很重要的一部分。学生往往不清楚近义词的区分而产生不清晰、不准确、不得体的表达。"犹豫"和"踌躇"也是留学生很难区分的近义词之一。本文从北京大学CCL语料库中挑出带有"犹豫"与"踌躇"的例句各100条,对这些例句从词义、语体和句法三个方面进行辨析。本文发现,从词义上来看,"踌躇"的词义多于"犹豫"的词义;"犹豫"倾向于描写心理,"踌躇"则倾向于描写行为。从语体方面来看,"踌躇"多用于书面语体,而"犹豫"既可以用于口语体,也可以用于书面语体。从句法方面来看,两个词都可以在句中作补语、定语、状语和谓语。二者句法方面的不同之处在于"犹豫"可以和"过"一起搭配使用,"踌躇"一般不和"过"搭配;"犹豫"可以重叠,"踌躇"不可以重叠。

点评:

摘要一稿缺少研究背景,研究结果也只是罗列"踌躇"和"犹豫"两个词的不同点,没有将两个词的不同点分成几类来比较,因此概括性不够。与一稿相比,二稿结构更完整,增加了研究背景,研究结果也概括为从词义、语体、句法三个方面说明两个词的差别。

> 习作27①

"起"是一个多功能语素。为使对外汉语教学的课堂能够有效提高学生的词汇量,避免引不起学生兴趣的"死记硬背",本文把以"起"字为中心成分所构成的词综合为一个新的"词族"(word group),利用词典的解释进行共时的描写,然后对这个"起"字的跨词类现象进行感性教学法方面的统一解释。本文发现动词性"起"字的核心意义及其

---

① 习作27—29是学生给论文《现代汉语"起"类词的功能扩展机制及其感性教学》(古川裕,2012,《汉语教学学刊》第8辑,北京大学出版社)写的摘要,该文摘要缺失。

扩展机制有以下几种。(一)"起"字的核心意义可以概括为"由下向上"。(二)"起"和"上"的语义有不同,"起"的语义焦点在于"向上"运动的始发点,而"上"的语义重点在于"向上"运动的到达点。(三)"起"作为动词的用法:(1)某个事物或人主动由下向上,如"飞机已经起飞了";(2)某个事物或事态由下向上,如"起包"(事物)、"起作用"(事态)。(四)"起"作为介词的用法:(1)只能放在动词前面当状语,如"起哪儿来";(2)跟介词"从"(或"由")一起用的框式介词,如"从头学起"(从/由……起);(3)可能补语形式,和"得"或"不"连用,如"买得起、买不起"。(五)"起"作为量词的用法:量词"起"所修饰的名词的语义是"无意间偶然发生或引起",如"昨天这儿又发生了一起交通事故"。(六)"起"作为名词化语素,如"起子"。(七)"起"作为补语:某个事件从无到有,如"下起雨来"。(八)和副词一起用,表示集中或统一。

 点评:

上述摘要结构完整,不足之处是对研究结果的说明过于具体,基本上是把大标题搬到了摘要里,应该对研究结果进行概括。

➤ 习作 28

汉语中有很多共用同一个字(或语素)组成的词,我们称这类共用一字的词为"词族"。以这种构词特点为线索,我们研究了"起"类词的功能扩展机制及其适用的感性教学法。本文对跨词类的"起"类词利用词典的解释进行共时的描写,然后采用图示法及比较法对"起"字的跨词类现象进行了感性教学法方面的统一解释。研究表明"起"是一个多功能的基本语素,即可以单独成词,也可以作为构词成分构成跨词类的多种多样的词。如:动词"起床、起来、起疙瘩、起风",补语用法的"站起来、笑起来、买不起",量词"两起事故",名词"起子、起点、起源"以及副词"一起、起码"等。

点评:

上述摘要对论文的研究结果概括不准确。论文的研究结果是各种用法的"起"的意义是什么,而不是"起"有哪些用法。

▷ 习作 29

在对外汉语词汇教学中,如何有效提高学生词汇量是一个老大难的问题。诚然,"记单词"是最重要的基本功,然而单纯枯燥地死记硬背却难以引起学生的兴趣和主动性,最终往往起不到理想的学习效果。因此,本文以"起"类词为例,先利用词典的解释对之进行共时的描写,然后对"起"字的跨词类现象进行感性教学法方面的统一解释。研究结果显示:1."起"字的核心意义可以概括为"由下向上"四个字,并且"起"的语义重点在于位移动作的"起点"上;2.动词性"起"的语义基本上都可以视为"由下向上"的变体;3.介词性"起"表示开始或始点,即"由下";4.动词性语素"起"跟名词化语素"子"黏着在一起,成为表示该动作"起"所用工具的名词"起子",我们从"起子"这个名词就可以联想到"由下向上"的动作。通过这一个案研究,把不同的词类里"分属"的个别词,通过构词核心语素的共同性,重新"综合"为一个"词族",为提高对外汉语词汇教学的效率提供一种新思路。

点评:

上述摘要首先介绍了研究背景,然后介绍了研究方法,最后概括了研究结果。摘要的结构完整、清晰,对"起"的意义概括得比较好。

十、题目

▷ 习作 30

论文题目:基于语料库的多义词"有"的语义与习得研究——以日本留学生为考察对象

点评：

该题目有两个问题：

(1) 是否需要在论文题目中提及研究方法？

该篇论文的研究内容是日本留学生"有"的习得，研究方法为语料库研究。习得研究一般都需要基于语料库，因此论文题目中不需要专门强调该方法。论文题目中如果要提及研究方法，一般是一种新的研究方法，或者是非常规的研究方法。

(2) 是否需要副标题？

副标题是对主标题的补充说明，其作用应该是更好地揭示文章的本质。而该副标题介绍了论文的研究对象，研究对象可以放入论文的主标题。

综上，上述题目建议改为：高级水平日本留学生多义词"有"的习得研究。

➤ **习作31**

论文题目：中高级留学生汉语阅读分词能力探究——以江西师范大学为例

点评：

不同母语背景、不同汉语水平、不同年龄的学习者分词能力可能存在差异，而在哪个大学学习不太会影响留学生的分词能力，因此上述论文题目的副标题不恰当。

第二节　整篇论文点评

编者说明：下面以北京大学对外汉语教育学院2014级硕士研究生谢海金的毕业论文《"真""真的"与"真心"的研究》为例，分析整篇硕士论文各个构成部分(引言、文献综述、论证、结论、摘要)在写作过程中出现的问题,并呈现出根据指导意见(详见批注)修改后的论文。读者可以对照阅读原稿与修改稿,思考如何提高论文写作质量。

一、引言

原稿:

①"真"是现代汉语中的常用词,在《汉语水平词汇与汉字等级大纲》中为甲级词,留学生在很早的时候就已经接触过"真"这个词。②虽然"真"为《汉语水平词汇与汉字等级大纲》中的甲级词,但是由于"真"用法的复杂性,留学生在使用"真"时发生偏误的比例也比较高,如在 HSK 动态作文语料库中搜索到的有关"真"的偏误就有 80 余条。此外,"真"的构词能力比较强,我们日常使用的与"真"语义相近的同素词就有"真的、真是、真心"等。"真心"在现代网络用语中作副词的用法越来越普遍,因此我们将"真心"也列为与"真"语义相近的同素词。为了更好地对这类词进行描述,本文将③"真、真的、真是、真心"看成是一类"真类词"。

因为"真类词"具有相同的语素,因而在某些方面,"真类词"具有相近的语义,比如说它们都可以表示真实和强调的意义。如肯定一个人具有"漂亮"这种特性的时候,我们可以说:

① 前后叙述不一致。应该直接说"真"类词,而不是"真"。

② 表述啰唆,上个句子刚说完"在《汉语水平词汇与汉字等级大纲》中为甲级词",这里又重复。

③ 比较这四个词的内容有点多。这一组词中,"真是"与其他词性质不同。"真是"还可以单独使用,表达负面评价。建议论题更加集中,把"真是"从研究对象中删除。

④(1)她真漂亮。

(2)她真的漂亮。

(3)她真是漂亮。

(4)她真心漂亮。

虽然以上几个例句中"真类词"的使用都能够说明"她很漂亮"这种特性,⑤但是它们在具体的使用中还有别的不同的涵义。如"她真漂亮"是对"她很漂亮"这一事实进行感叹,表达说话人的一种看法;而"她真的漂亮"则可能会有一个语境,或肯定别人的看法,或否定别人的看法;"她真是漂亮"表现出说话人那种情不自禁的态度,更加体现了说话人的主观性;"她真心漂亮"则隐含了另外一个主语,表达的意思即"我真心觉得她漂亮",此时,"真心"表达的主观性则更加明显。因此,虽然"真类词"在语义上存在相似性,⑥但是具体来看还是存在一些不同之处。

⑦此外,词语的意义并非单一的,词语有概念义和附加义,又因为词的不稳定性,每个词在使用中都会产生不同的用法,而用法一旦被大众所接受,那么它就得以约定俗成。从这个角度来看,"真、真的、真是、真心"存在不同之处也就是必然的。

……

那么,⑧问题就出现了:"真、真的、真是、真心"这些"真类词"什么时候表达相近的意义?什么时候表达不一样的意义?"真类词"各成员是否有其特殊的意义?我们应该怎么样去区分?

④最好给出能替换与不能替换的例句。

⑤这是引言部分,应该是提出问题,而不是把研究结论呈现在这里。

⑥从逻辑上来说,这句话开启了一个新的主题,之后应该说有什么不同之处。可以把本段最后一句删除,或者另起一段再说不同之处。

⑦与上文不连贯。段落开始也忘了空两个字。

⑧语言表达过于口语化,可以把这句话删除。

修改稿：

1.1 选题缘由与意义

"真""真的"是现代汉语中常用的词语，由于它们具有相同的语素"真"，语义上具有相似性，因此留学生容易把它们混淆。在 HSK 动态作文语料库中，留学生"真""真的"偏误的频率较高。其中，"真"的偏误共 85 例，"真的"的偏误共 32 例。比如：

(1) 我【真】不爱他，而且不尊敬他。（HSK）

(2) 晚上人不多的时候去游泳，回到家就马上喝自己爱喝的茶，我的生活【真的】快乐。（HSK）

例(1)中的"真"应该用"真的"，而例(2)中的"真的"应该用"真"。可见，留学生并没有很好地掌握"真""真的"的用法。

此外，随着网络的发展，网络副词"真心"的使用日渐频繁。由于"真心"也经常充当状语，所以留学生也会把"真心"等同于"真"或者"真的"。而且，王倩、马贝加(2013)指出"真心"是现代网络中新兴的一个副词，主要充当状语，表示言说者的确认、肯定。换言之，"真""真的"和"真心"在语义、充当的句法成分及表达的功能上均存在相似性，让人难以区分。如下所示，当我们用"漂亮"一词来对某人的外貌进行评价时，可以说：

(3) 她真漂亮。

(4) 她真的漂亮。

(5) 她真心漂亮。

在例(3)(4)(5)中，"真""真的"和"真心"在句中均充当状语，表示的含义也均可以翻译为英文的"indeed"，这就会让人产生误解。根据语言的"经济性原则"，语言中不可能存在几个完全一样的词。那么，这三个句子的意义是否完全一样？使用语境是否相同？功能是否一致？只有进行更深入的研究才能得出结论。

在对外汉语教材中，"真""真的"和"真心"是常出现的词语。如在

"博雅汉语口语系列教材"(共 9 册)中,"真"出现了 148 例,"真的"出现了 27 例,"真心"出现了 5 例。但是教材对"真""真的"和"真心"的解释有限,且并未对它们的使用语境进行解释。因此,我们需要结合教学对"真""真的"和"真心"进行进一步说明。

此外,在常用的对外汉语教学语法书中,我们发现《实用现代汉语语法》(刘月华,2001)、《现代汉语虚词讲义》(李晓琪,2005)、《中级汉语语法讲义》(徐晶凝,2008)、《现代汉语语法答问》(上)(杨玉玲、应晨锦,2011)、《对外汉语教学实用语法》(卢福波,2011)等均未对副词"真"进行分析。而《HSK 常用副词精讲精练》(李增吉,2005)、《对外汉语教学核心语法》(杨德峰,2009)虽然谈到了副词"真",但是仅对副词"真"的程度及充当的成分进行了分析,未曾涉及"真"的功能。这些教学语法书也未对"真的"和"真心"进行分析。因此,我们有必要对"真""真的"和"真心"进行深入分析。

二、文献综述

原稿:

2.1 ①真类词的词性、词义分析

②"真类词"的词性和词义③一直是汉语学界有争议的地方,为了比较具体地呈现学界对"真类词"的基本判定,确定本文研究的前提,我们对几本重要虚词词典中有关"真类词"的词性和词义进行了简单的梳理,④如下(由于"真心"的副词性用法是网络环境下新产生的用法,因而未被列入词典,故在对词典的词语与词性分析时没有纳入"真心"):

①该部分罗列太多,分析不足。
②是"真类词"、"真"类词还是真类词?标点符号应该全文统一。
③前面说"真类词"的词性与语义学界存在争议,那后面就不应该只说词典中的解释,还应该把论文或著作中的相关问题进行综述。
④下面的表格没有表格编号与表题,应该在表格上方加上:"表 1 词典对'真类词'的注释"。

	真	真的	真是
《现代汉语虚词》(景士俊,1980)	副词,表示的确、实在的意思。除了表示程度深,还表示说话人的爱憎、好恶的感情	无	无
《现代汉语八百词》(吕叔湘,1980)	形容词:真实;清楚、确实 副词:实在,的确	无	习用语,表示不满意或抱歉,后有停顿
《现代汉语虚词例释》(北京大学中文系1955、1957级语言班,1982)	副词,表示事物性质状况的程度很深,它同时还表示说话人的感情,在褒义词前则表示赞许,在贬义词前则表示厌恶	无	在褒义词前表示赞许,在贬义词前表示厌恶; 有时单用表示说话人对某种情况的一种不满、抱怨或抱歉的情绪
《现代汉语虚词词典》(侯学超,1998)	副词:表示的确,实在;可以重叠,强调事实的真确	副词:表示可信度极高,的确,确实单说	固定用法:真+是[的],主要表示不满,也表示过意不去

⑤只是列表,没有对表格内容的总结说明,让读者自己看着表格去想词典注释的差异,也是不合适的。读者更想知道的是前人为什么会有不同的认识,希望看到作者的分析。

⑤由上表我们知道,学界对"真类词"的词义与词性界定并不十分清晰,对于"真、真的、真是、真心"的判定还比较模糊。因此,本文在随后章节会对"真类词"的具体词性以及表达的意义进行进一步总结。

修改稿：

2.1 "真"的研究

学界认为,状语位置上的"真"为副词,研究也主要集中在对副词"真"的分析上,因而我们在进行文献综述时,主要也是对副词"真"进行综述。

2.1.1 "真"所属的副词次类

在副词"真"的次类归属问题上,学界主要有以下几种观点:"真"是程度副词(朱德熙,1997;方清明,2012)、状态副词(厉霁隽,2003)、评注性副词(张谊生,2004;颜红菊,2010)、确认义副词(方清明,2012)和强调义副词(方清明,2012)等。如张谊生(2000)所说:"各家所分的(副词)次类主要是根据语义来划分的,虽然各类之间确实也存在着或多或少的功能上的差别。"副词的语义不同则可以划分为不同的次类,从这个角度看,可能会导致"真"的次类过多,不利于留学生的学习。

三、论证

原稿：

①句类表现也是"真心"在现代汉语中的一大特点,②"真心"在网络语境下表达的语义逐渐虚化,倾向于向一个表达语气的成分发展,而这可能会对"真心"出现的句类产生一定的影响。为了对这一猜想进行验证,我们对"真心"在CCL语料库和BCC语料库中出现的句类进行了统计分析,分析的结果如下：

"真心"做状语时,各句类所占比例分析：

①这样的语言表述太夸张。一个词的表现不能说是现代汉语的特点,更不能说是"一大特点"。
②这句话的逻辑不对,应该是通过"真心"所在句类的变化、句法功能的变化说明"真心"语义的虚化。"真心"是否虚化需要详细论证,否则不能得出虚化这样的结论。

③表题不能简单地这样写,要写成"表1:CCL语料库中'真心'的句类"。下表也是同样的问题。

③CCL 语料库

陈述句	感叹句	疑问句	祈使句	合计
1303	13	23	0	1339
97.3%	1%	1.7%	0	100%

BCC 语料库

陈述句	感叹句	疑问句	祈使句	合计
666	122	5	1	794
84%	15.4%	0.6%	忽略不计	100%

通过观察,我们发现:

(1)从句类上来看,④"真心"主要出现在陈述句、感叹句和疑问句中,几乎不出现在祈使句中。这一点,我们可以从祈使句的功能上进行分析。北京大学中文系现代汉语教研室(2012)曾经指出,祈使句主要是"表达一种意志(请求、命令、商量等)","真心"表达的"真实的心意"这种语义特征与此有些背离,因此,"真心"很少出现在祈使句中。

④表格的统计过于简单,让人难以信服,应该用例证说明陈述句与感叹句是以什么标准统计的。如果区分不出来,就不要做这样的统计。

(2)在"真心"的句类上,CCL语料库和BCC语料库中存在不同。在CCL语料库中,"真心"最典型的是出现在陈述句中,对事件进行一种客观的描述。但是在BCC语料库中,"真心"出现的句类则产生了一定的变化,出现在陈述句中的比例降低,由原来的97.3%降为现在的84%,⑤虽然陈述句还是"真心"出现的主要句类,但是,呈现出一种下降的趋势。陈述句是"报道事实的句子"

⑤这是有意思的观察,应该以此作为突破点进行具体论证。

(北京大学中文系现代汉语教研室,2012),⑥因此我们可以看出,"真心"表示客观描述的功能逐渐降低。

⑥只靠这一个引用以及统计数字不能得出这样的结论。

(3)在BCC微博语料中,"真心"出现在感叹句中的比例上升了将近15个百分点,由原来的1%,上升到现在的15.4%。感叹句是抒发情感的一类句式(北京大学中文系现代汉语教研室,2012),⑦因此,从这里我们可以看出,"真心"表达情感的功能有所上升。

⑦结论得出比较草率,缺乏论证。要对"真心"的功能进一步进行论证。

修改稿:

5.1 "真心"在网络语境下的新变化

充当状语的"真心"在网络语境中发生了比较大的变化,主要有:由只修饰褒义成分变为修饰中性或贬义成分;由只修饰肯定形式到能修饰否定性成分;由只能修饰少数动词到能修饰短语和小句(王倩、马贝加,2013;李丽虹、孙瑞,2014)。也就是说,"真心"的使用范围越来越广,灵活性也逐渐增强。

(1)其实爱美之心人皆有之,娱乐圈明星整容不仅仅是女明星,男明星比女明星更加疯狂。当明星真的很不容易,为了让自己的脸蛋更完美,她(他)们需要在自己的脸上动刀动磨,【真心】痛苦。(大众网)

(2)刘海剪还是不剪?【真心】是个很深刻的问题呢!(搜狐)

(3)刘燕妮在节目中与黎美言(Winkie)对打后,脸上出现多片瘀血伤痕,眼睛充血、出现飞蚊症症状,手指韧带撕裂成骨膜炎,因此错失2部电影的演出机会。但她强调受伤后【真心】没有责怪对方,爆发点是赛后在化妆间休息,和几位朋友聊天自嘲变成花面猫。(《中国日报》)

"真心"原本只能与积极意义的动词连用,如"真心希望""真心喜欢"等,但在例(1)中,"痛苦"是一个表消极意义的心理动词;例(2)中,"真心"修饰的"是个很深刻的问题"是一个动词小句;例(3)中,"真心"修饰的"没有责怪"则是否定形式。所以,"真心"修饰消极心理动词"痛苦"、小句"是个很深刻的问题"以及否定成分"没有责怪"等,都是"真心"在网络语言环境下产生的新变化。我们对网络语境下"真心"后的成分进行了分析,结果如下:

表 5.1 "真心"后的成分

	形容词性成分	否定形式	小句	动词性成分	总数
数量	136	147	12	205	500
比例	27%	29%	3%	41%	100%

由上表可知,在网络语境下,"真心"主要与否定形式、形容词性成分、动词性成分及小句连用。其中,动词性成分数量最多,共 205 例,占"真心"整体语料的 41%。其次是否定形式,共 147 例,占整体语料的 29%。形容词性成分则有 136 例,占"真心"语料的 27%。小句最少,仅 12 例,占比为 3%。这表明,网络语境下"真心"的用法得到拓展,修饰的成分逐渐增多。下文将对"真心"的功能做具体分析。

四、结论

①语句不通。"三者不可完全替换"不能说是角度。
②表达不准确,应该是"HSK 动态作文语料库中的偏误"。
③表达不具体。进行了什么方面的概括?

原稿:

本文以副词"真""真的""真心"为研究对象,①从三者不可完全替换使用的角度及留学生的日常偏误及②HSK 动态作文语料入手,对"真"类副词③进行了概括。然后以三个平面理论和话语分析理论为指导,结合媒体语料库以及自建小型语料库对"真"类副词在现代汉语口语中的主要功能及其表现形式进行了分析。之后与④现代汉语教材中的"真"类副词使用进行了对比,突出教材中"真"类副词使用的优点和不足,并对"真"类副词的对外汉语教学提出了⑤自己的建议。

④现代汉语教材与对外汉语教材不是同一类教材。本文对比的是对外汉语教材。

⑤语言不够学术化,可以删除"自己的"。

修改稿:

本文以"真""真的""真心"为研究对象,以系统功能语言学和话语分析理论为指导,结合媒体语料库、自建小型语料库对"真"类词语在现代汉语口语中的主要功能及其表现形式进行了分析。最后将教材中"真"类词语的用法与研究结论进行了对比分析,指出了教材中的不足,并提出了相应的教学建议。通过分析,我们发现:……①

五、摘要

原稿:

副词"真""真的"和"真心"是现代汉语中的常用副词,但是由于它们在语义和句法上存在相似性,因而留学生在使用这三个词时容易产生偏误。①目前,学界对"真""真的"和"真心"的研究主要集中在它们充当的语法成分上。但从根本上说,功能是它们用法的深层动因,句法形式只是一种表现。因此,本文从功能的角度出发,自建小型语料库,并结合MLC文本语料库,考察"真"类副词

①表述有些啰唆,可以合成一句话。

---

① 由于具体结论较多,为了节省篇幅,不再呈现。

在现代汉语中的主要功能及其表现形式,试图通过对"真""真的"和"真心"功能的分析,找出它们的相同点和不同点,并在此基础上提出相关教学建议。

论文共分七章。

第一章对选题缘由、研究对象、所用语料及理论进行了说明,在此基础上对本文的研究范围进行了限定。

第二章对副词"真""真的"和"真心"的研究成果进行了综述,分析了前人研究的主要优点和不足,并指出本文的研究视角。

论文的重点章节为第三章至第六章。第三章对副词"真"在现代汉语中的功能进行分析,指出副词"真"在现代汉语中的主要功能是表情功能、评价功能和假设功能,并对"真"行使不同功能的②典型形式进行了统计分析。第四章对"真的"的功能进行分析,得出"真的"在话语中有肯定强调功能、反预期功能和语篇组织功能,并分析了不同功能下的典型形式。第五章对"真心"在现代汉语中的功能进行了归纳,并指出"真心"是网络语境下新兴的一个副词,主要有强烈肯定功能和评价功能。第六章对比分析"真""真的""真心"的异同,结合对外汉语口语教材中有关副词"真""真的"和"真心"的使用,根据本文的结论,提出了相应的教学建议。③通过对比,发现副词"真""真的"和"真心"有不同的功能,功能的不同是它们存在不同用法的根本原因。

②可以对典型形式进行简要说明。下同。

③这句话在这里没有意义,可以删除。

第七章总结了全文的观点并提出本研究的不足之处。

修改稿：

"真""真的"和"真心"是现代汉语中的常用词语，由于它们在句法和语义上存在相似性，留学生容易产生偏误。目前，学界对"真""真的"和"真心"的研究主要集中在它们的句法表现和语义上，缺乏功能方面的探讨。因此，本文自建小型口语语料库，并结合中国传媒大学媒体语言语料库，考察它们在现代汉语中的主要功能及表现形式，试图通过对"真""真的"和"真心"的功能分析，找出它们的相同点和不同点，并提出相关的教学建议。

论文共分七章。

第一章对选题缘由、研究的对象及意义、所用语料和理论基础进行了说明，并在此基础上限定本文的研究范围为状语位置上的"真""真的""真心"和能够单独使用的"真的"。

第二章对"真""真的"和"真心"的研究成果进行了综述，总结了前人研究的优点和不足，并在此基础上明确了本文的研究视角。

本文的重点章节为第三章至第六章。第三章从功能入手，对"真"在现代汉语中的功能进行了分析，指出"真"具有评价功能、表情功能和假设功能。其中，评价功能的主要句法形式是"真＋形容词"或"真够……的""可真……""还真……"等固定用法；当"真"与表达心理状态的心理动词连用时，"真"则体现表情功能；当"真"单独使用或与假设词连用表达一件虚拟的事件时，"真"体现假设功能。第四章对"真的"的功能进行了分析，指出"真的"具有肯定强调、反预期和语篇组织三大功能。当"真的"充当状语与动词和形容词连用时，表现的是肯定强调功能，表示对动作或状态的肯定强调；当"真的"单独使用，或与语气词"啊、吗、呀"等连用形成不表疑问的疑问句，或与转折词"但是、其实"连用时,体现的是反预期功能;当"真的"虚化,与前后语句意义关联不大时,体现的是语篇组织功能。第五章对"真心"在现代汉语中的功能进行了分析,指出"真心"是网络中新兴的一个副词,在句中主要充当状语,具有强烈肯定功能和评价功能。第六章着重分析了"真""真的"和"真心"的异同,并结合它们在对外汉语口语教材中的使用情况,提出了相应的教学建议。

  第七章对全文的观点进行了总结并指出了研究的不足。